BEI GRIN MACHT SICH ⵏ....
WISSEN BEZAHLT

- Wir veröffentlichen Ihre Hausarbeit,
  Bachelor- und Masterarbeit

- Ihr eigenes eBook und Buch -
  weltweit in allen wichtigen Shops

- Verdienen Sie an jedem Verkauf

Jetzt bei www.GRIN.com hochladen und kostenlos publizieren

Martin Jürgen

Vom Aufbau der Kriminalpolizei zur Gründung des Ministeriums für Staatssicherheit (MfS)

GRIN Verlag

Bibliografische Information der Deutschen Nationalbibliothek:

Die Deutsche Bibliothek verzeichnet diese Publikation in der Deutschen National-
bibliografie; detaillierte bibliografische Daten sind im Internet über http://dnb.d-
nb.de/ abrufbar.

Impressum:

Copyright © 2008 GRIN Verlag GmbH
Druck und Bindung: Books on Demand GmbH, Norderstedt Germany
ISBN: 978-3-656-82923-2

Dieses Buch bei GRIN:

http://www.grin.com/de/e-book/280660/vom-aufbau-der-kriminalpolizei-zur-gru-
endung-des-ministeriums-fuer-staatssicherheit

GRIN - Your knowledge has value

Der GRIN Verlag publiziert seit 1998 wissenschaftliche Arbeiten von Studenten, Hochschullehrern und anderen Akademikern als eBook und gedrucktes Buch. Die Verlagswebsite www.grin.com ist die ideale Plattform zur Veröffentlichung von Hausarbeiten, Abschlussarbeiten, wissenschaftlichen Aufsätzen, Dissertationen und Fachbüchern.

Besuchen Sie uns im Internet:

http://www.grin.com/

http://www.facebook.com/grincom

http://www.twitter.com/grin_com

Universität Rostock

Philosophische Fakultät

Historisches Institut

Bakkalareus-Artium-Arbeit

Vom Aufbau der Kriminalpolizei zur Gründung des MfS

Martin Jürgen

Neuere Geschichte Europas (9)

Politikwissenschaften (9)

Inhaltsverzeichnis

1. Einleitung   2
   1.1. Aufbau der Arbeit   2
   1.2. Forschungsstand   3

2. Der sowjetische Sicherheitsapparat in der SBZ   5
   2.1. Die Organisation der sowjetischen Sicherheitsdienste   5
   2.2. Die Struktur des Sicherheitsapparates   8
   2.3. Die Arbeit der tschekistischen Organe   10

3. Die Vorläufer des deutschen Ministeriums für Staatssicherheit in der SBZ   13
   3.1. Der Aufbau der Polizei   13
   3.2. Das Dezernat K 5 der Kriminalpolizei   15
       3.2.1. Die Bildung einer politischen Polizei   15
       3.2.2. Der Befehl Nr. 201 der SMAD   19
       3.2.3. Die Mitarbeiter der K 5   22
   3.3. Die Hauptverwaltung zum Schutz der Volkswirtschaft   24

4. Das deutsche Ministerium für Staatssicherheit   26
   4.1. Gründung und Aufbau des MfS   26
   4.2. Repression und Entspannung - Die Ära Wollweber   30
   4.3. Die Zusammenarbeit des MfS mit den sowjetischen Geheimdienstorganen   32
   4.4. Die Mitarbeiter des MfS   34
   4.5. Das Verhältnis zwischen MfS und SED   36

5. Zusammenfassung   40

6. Quellen- und Literaturverzeichnis   43
   6.1. Quellen   43
   6.2. Internet   44
   6.3. Literatur   44

1. Einleitung

Mit der bedingungslosen Kapitulation am 8. Mai 1945 war Deutschland vom verbrecherischen Regime Adolf Hitlers befreit. Den Menschen in der Sowjetisch Besetzten Zone blieb jedoch nur wenig Zeit der Freude. Die Besatzer machten sich schleunigst daran, die Spuren des alten Systems auszulöschen und mithilfe deutscher Kommunisten ein neues totalitäres System zu installieren. Maßgeblichen Anteil an der Umsetzung dieses Vorhabens hatten die Geheimdienste, die unter verschiedenen Bezeichnungen und Dienstherren mit der Roten Armee nach Deutschland kamen. Sie verfolgten politische Gegner mit der gleichen Härte wie zuvor die Nationalsozialisten und galten bald als sehr berüchtigt.

Bereits kurz nach Ende des Krieges begann in der Sowjetisch Besetzten Zone der Aufbau einer deutschen politischen Polizei, die als Teil der Kriminalpolizei unter sowjetischer Kontrolle immer mehr repressive Aufgaben aber auch die anhaltende Entnazifizierung wahr nahm. Diese Entwicklung mündete schließlich in der Gründung des Ministeriums für Staatssicherheit im Februar 1950 und einer zunehmenden Unabhängigkeit von sowjetischen Stellen in den fünfziger Jahren.

Genau diese Genese geheimpolizeilicher Strukturen soll in der nun folgenden Arbeit dargelegt werden. Im Mittelpunkt stehen dabei die Fragen, inwieweit das sich konstituierende SED-Regime in diesem Prozess mit eingebunden war, wie es mittels der sowjetischen und der deutschen Geheimpolizei seine Stellung geltend machte und welchen Einfluss es innerhalb der Staatssicherheit und seinen Vorläufern ausübte. Weiterhin soll die Rolle der sowjetischen Organe in der SBZ und später der DDR bei diesem mehrere Jahre andauernden Aufbauvorgang hinterfragt werden.

1.1. Aufbau der Arbeit

Diese Arbeit setzt sich aus drei Teilen zusammen, die chronologisch die Aktivitäten zur Bildung geheimpolizeilicher Strukturen in der SBZ abdecken.

Der erste Teil behandelt die sowjetischen Geheimdienste in der Sowjetisch Besetzten Zone. Die sowjetischen Dienste sind unabdingbar mit dem Aufbau einer deutschen Geheimpolizei verbunden. Sie sicherten die Machtergreifung der SED und die Etablierung eines kommunistischen Systems nach sowjetischem Vorbild ab und schafften so die Rahmenbedingungen für einen deutschen Geheimdienst. Im Vordergrund steht dabei ihre

Organisation nach Ende des Krieges, ihre Struktur und ihr Wirken in der SBZ.

Der zweite Komplex umfasst die Vorläufer des Ministeriums für Staatssicherheit. Da die politische Polizei ein Teil der Kriminalpolizei war, soll zuerst die Bildung polizeilicher Strukturen untersucht werden. Daran schließt sich der Aufbau der Kriminalpolizei 5 mit ihren Mitarbeitern und ihrem Wirken an. Als direkten Vorläufer des Ministerium für Staatssicherheit gebührt in diesem zweiten Teil der Hauptverwaltung zum Schutz der Volkswirtschaft ein eigenes Kapitel. Insgesamt gab es in der SBZ noch mehr geheimpolizeiliche Strukturen, beispielsweise der Abwehr-Apparat der SED oder der Informations- und Nachrichtendienst. Wegen der geringen Relevanz für den hier dargelegten Entwicklungsprozess, bleiben diese jedoch vollkommen unbeachtet.

Der letzte große Teil schließlich umfasst die Vorgänge der Gründung und des Aufbaus des Ministeriums für Staatssicherheit. Hier findet sich ein chronologischer Abriss der Ereignisse bis zur Amtsübernahme Erich Mielkes. Ein Zeitraum der über den eigentlichen Aufbau des MfS hinausgeht, aber wegen organisatorischer und politischer Veränderungen in dieser Zeit berücksichtigt werden soll. Besondere Beachtung finden die Verhältnisse von der Staatssicherheit zur SED und zu den Angehörigen der sowjetischen Geheimdienste. Erneut behandelt werden auch die Mitarbeiter, die untrennbar mit dem Aufbau einer Institution verbunden sind.

1.2. Forschungsstand

Zu allen Teilbereichen des Themas erschienen mittlerweile in Vielzahl von Werken. Von besonderer Bedeutung für den Bereich der sowjetischen Sicherheitsdienste sind „Sowjetische Speziallager in Deutschland 1945 bis 1950", herausgegeben von Alexander von Plato, und „Die Anatomie der Parteizentrale" vom Herausgeber Manfred Wilke. Beide bieten einen umfassenden Einblick in das Wirken der sowjetischen Geheimdienste mit Blick auf die Etablierung des kommunistischen Systems und die damit verbundene politische Verfolgung. Weiterhin ist das „SBZ-Handbuch" zu nennen, welches den Aufbau deutscher Institutionen in der SBZ darlegt, jedoch in manchen Details bereits überholt ist. Ähnliches gilt für Norman Naimarks „Die Russen in Deutschland", welches einen guten Überblick über den Aufbau allgemein- und geheimpolizeilicher Strukturen bietet, in einigen Punkten aber beispielsweise durch Jens Gieseke widerlegt ist. Der wies nach, dass der „Ausschuß zum Schutze des Volkseigentums" wegen mangelnder direkter Verbindungen und personeller Verknüpfungen eben kein wirklicher Vorläufer des Ministeriums für Staatssicherheit war, wie es bei Naimark und allgemein der Literatur der neunziger Jahre vertreten wird. Er widerlegt auch, dass die K 5 aus dem Entnazifizierungsbefehl Nr. 201 der SMAD heraus gegründet wurden. Gieseke veröffentlichte „Die hauptamtlichen Mitarbeiter der Staatssicherheit", das eine detaillierte Geschichte des MfS und seines direkten Vorläufers unter Berücksichtigung der Personalentwicklung und der Mitarbeiter liefert. Im Kontext des Aufbaus bewaffneter Institutionen unter die auch die Staatssicherheit und ihre Vorläufer fallen, ist weiterhin „Im Dienste der Partei, Handbuch der bewaffneten Organe der DDR", das von Torsten Diedrich, Hans Ehlert und Rüdiger Wenzke herausgegeben wurde, zu nennen.

Die Herausgeber von „Staatspartei und Staatssicherheit", Siegfried Suckut und Walter Süß. widmen sich dem Verhältnis von MfS und SED. Sie hinterfragen wie der Führungsanspruch der Partei tatsächlich umgesetzt wurde und welche Rolle die Parteiorgane innerhalb des MfS spielten. Hier setzt auch Silke Schumanns „Parteierziehung in der Geheimpolizei" an, welches die Rolle der Parteiorganisation im Ministerium für Staatssicherheit durchleuchtet.

2. Der sowjetische Sicherheitsapparat in der SBZ

2.1. Die Organisation der sowjetischen Sicherheitsdienste

Mit dem Eindringen der Roten Armee im Januar 1945 gelangten auch verschiedene russische Geheimdienste auf deutsches Gebiet. Mit der Abwehr gegnerischer Spionage und dem Aufdecken von Verrätern innerhalb der Roten Armee war Smersch - ein russisches Akronym für „Tod den Spionen" - unter der Leitung von Viktor Abakumov vertraut. Das Volkskommissariat für Staatssicherheit, kurz NKGB, unter Führung von Vsevolod Merkulov übernahm die Aufgabe der politischen Geheimpolizei innerhalb und außerhalb der UdSSR. Schließlich agierte daneben noch das Volkskommissariat für Inneres, das NKWD, an dessen Spitze Lavrentij Berija stand. In dessen Zuständigkeit fielen unter anderem die Kriegsgefangenenlager, die Straflager, sowie die sowjetische Miliz und die Grenztruppen. Das NKWD war zudem durch eigene Truppen in der Lage, eigenständige militärische Operationen größeren Maßstabs durchzuführen. Nur so konnte die Aufgabe, das eroberte Feindgebiet zu sichern und zu kontrollieren, erfüllt werden. Da das NKWD dabei jedoch Zugriff auf die Informations- und Agentennetzwerke von NKGB und Smersch benötigte, unterstanden die operativen Gruppen, kurz Opergruppen, der beiden Geheimdienste den aus Moskau entsandten Bevollmächtigten des NKWD.[1]

Die Opergruppen von Smersch und NKWD erhielten während des russischen Vormarsches, einer Direktive des Staatlichen Komitees der UdSSR für Verteidigung folgend, offiziell den Auftrag, „in dem vom Feind befreiten Gebieten die notwendigen tschekistischen[2] Maßnahmen durchzuführen, die faschistischen Diversanten und Terroristen auszurotten, die Agentur der deutschen Aufklärungs- und Sicherheitsorgane, die Mitglieder der faschistischen Organisationen und die Funktionäre des faschistischen Regimes aufzudecken und zu verhaften, die illegalen Funkstationen, Geheimdruckereien, Waffen und Munition zu konfiszieren"[3]. Als die Einheiten dieser Dienste die spätere SBZ betraten, hatten sie im Baltikum, dem von den Deutschen befreiten sowjetischen Gebiet und den angrenzenden

---

1 Petrov, Nikita: Die Apparate des NKVD/MVD und des MGB in Deutschland (1945-1953). Eine historische Skizze. In: Plato, Alexander von (Hrsg.): Sowjetische Straflager in Deutschland 1945 bis 1950. Band 1. Studien und Berichte. Berlin 1998. S. 143 f.

2 „tschekistisch" steht, in Anlehnung an die kommunistische Geheimpolizei Tscheka, für geheimdienstlich.

3 Filippovych, Dmitrij Nikolaevic; Kubina, Michael; Sacharov, Vladimir Vladimirovic: Tschekisten in Deutschland. Organisation, Aufgaben und Aspekte der sowjetischen Sicherheitsapparate in der Sowjetischen Besatzungszone Deutschlands (1945-1949). In: Wilke, Manfred (Hrsg.): Die Anatomie der Parteizentrale. Die KPD/SED auf dem Weg zur Macht. Berlin 1998. S. 296.

osteuropäischen Staaten reichlich Erfahrungen mit der Installierung kommunistischer Regime und seinen entsprechenden Organen gesammelt. Im Bereich der SBZ führten die Bevollmächtigten des NKWD ab Januar 1945, neben den genannten tschekistischen Maßnahmen wie der Verhaftung feindlicher Elemente, eine weitere große Operation durch: die Mobilisierung der arbeitstauglichen deutschen Bevölkerung zur Zwangsarbeit in der UdSSR. Die Verhafteten und zur Zwangsarbeit Rekrutierten wurden zu Tausenden in Lager im Inneren der UdSSR verbracht, wo ansässige Organe von NKGB und NKWD ermittelten und über ihr weiteres Schicksal zu entscheiden hatten. Stalin setzte diese Praxis jedoch kurz vor Kriegsende aus. Die Zwangsarbeiter und Verhafteten sollten fortan auf deutschem Gebiet in verschiedenen Lagern untergebracht werden. Ein entsprechender Befehl mit der vorläufigen Standortverteilung der Lager erging bereits am 10. Mai 1945. Mit dieser Maßnahme ging auch eine Neu-Strukturierung des NKWD in der SBZ einher, da von nun an die Aufklärungsarbeit in den Lagern von den NKWD-Organen vor Ort angeleitet und durchgeführt wurde. Weiterhin hatten sich mit Ende des Krieges die äußeren Rahmenbedingungen für die geheimdienstliche Tätigkeit geändert.[4]

Im Sommer 1945 arbeiteten die verschiedenen sowjetischen Sicherheitsdienste noch nebeneinander im besetzten deutschen Gebiet. Sie nahmen größtenteils ähnliche Aufgaben wahr und konkurrierten um die Vormachtstellung bei der Erfüllung der von Stalin erteilten Aufgabe, die besetzten Gebiete von feindlichen Elementen zu säubern. Woran es fehlte, war ein zentrale Leitung und Koordinierung der Tätigkeit der betroffenen Sicherheitsorgane. Als erster Schritt in diese Richtung ist die Auflösung der Fronten, also der russischen Großverbände ähnlich den deutschen Heeresgruppen, im Juni 1945 zu sehen. Gleichzeitig beauftragte Stalin I. A. Serov mit der allgemeinen Leitung und der Kontrolle der operativen Tätigkeit von NKGB, NKWD und Smersch. Zuvor wurde der zur 1. Belorussischen Front gehörige Generaloberst Serov zum Stellvertreter für die Fragen der Zivilverwaltung beim Obersten Chef der Sowjetischen Militäradministration in Deutschland (SMAD) Marschall Schukow ernannt.[5]

Dem Stellvertreter der SMAD unterstanden zum Zeitpunkt der Übernahme seiner neuen Funktion circa 800 Mitarbeiter des NKWD, NKGB und Smersch, sowie wie 10 Regimenter mit etwa 15.000 Mann der Truppen des NKWD. Das Nebeneinander dieser verschiedenen Dienste dauerte bis zum Herbst 1946 an. Zu diesem Zeitpunkt wurden die Truppen und die operativen Einheiten des NKWD, welches durch die Umwandlung eines Volkskommissariats

4 Petrov: Apparate. In: Plato (Hrsg.): Speziallager. S. 144.
5 Filippovych; Kubina; Sacharov: Tschekisten. In: Wilke (Hrsg.): Anatomie. S. 298.

in ein Ministerium jetzt MWD hieß, und der Spionageabwehr Smersch in das Ministerium für Staatssicherheit MGB eingegliedert. Dieses ging als Ministerium aus dem Volkskommissariat für Staatssicherheit NKGB hervor. Das MGB mit seinen 399 Mitarbeitern gehörte nun nicht länger der allgemeinen Besatzungsverwaltung, also der SMAD, an. Serov kehrte nach Moskau zurück und dem MWD, dessen Mitarbeiterstamm zum Zeitpunkt der Umstrukturierung auf 2230 angewachsen war, blieben vornehmlich verwaltende Aufgaben in der SMAD. Durch die Unterstellung der Internierungslager und den darin aufgebauten Antifa-Schulen, in denen kommunistische Kader ausgebildet wurden, unter das MWD im Jahr 1946 verfestigte sich der Einfluss der sowjetischen Sicherheitsorgane auf die Personalpolitik in der SBZ. Die Leitung des neuen eigenständigen Apparates des sowjetischen Ministeriums für Staatssicherheit übernahm Generaloberst Nikolai K. Kowaltschuk. Da im MGB zwischen formaler und operativer Organisationsstruktur unterschieden wird, ist davon auszugehen, dass Offiziere des MGB auch in leitenden Positionen der SMAD vertreten waren. Dementsprechend blieb Kowaltschuk, trotz formaler Trennung von MGB und SMAD, weiterhin konspirativ in die reguläre Struktur der Truppen und der SMAD integriert.[6]

Auf die Tätigkeit des Sicherheitsapparates hatte die administrative Entflechtung kaum Einfluss. Jedoch waren Dienstweg und Meldestrukturen der Opergruppen nun nicht länger von der SMAD sowie von politischen als auch militärischen Führungsinstanzen abhängig. Angeblich vernetzte das MGB sämtliche Dienstellen über Standleitungen telefonisch mit seiner Berliner Zentrale. Ab Sommer 1947 kontrollierte es das komplette sowjetische System geheimer Nachrichtenverbindungen, in der SBZ zudem von Beginn an sämtliche Telekommunikation, das heißt neben der Allgemeinen auch die vom Amtsnetz unabhängige behördliche und polizeiliche Kommunikation und die Briefpost. Die Abwehraufgaben des MGB umfassten letztlich alle in der SBZ befindlichen Personen, also die deutsche Bevölkerung, die russischen Truppen und sämtliches russisches Personal. Letztere überwachte die militärische Abwehr Smersch, die ab 1946 formell unter der Bezeichnung 3. Hauptverwaltung dem MGB untergeordnet wurde. Das Exekutiv-Organ des MGB waren die Inneren Truppen des früheren NKWD. Sie übernahmen polizeiliche Aufgaben, wie die Sicherung sowjetischer Einrichtungen, der Truppen und anfangs auch der innerdeutschen Demarkationslinie. Es gab also kaum einen Bereich, den die Tätigkeiten des MGB nicht

---

6 Foitzik, Jan: Der Sicherheitsapparat der sowjetischen Besatzungsverwaltung in der SBZ 1945-1949. In: Reif-Spirek, Peter; Ritscher, Bodo (Hrsg.): Speziallager in der SBZ. Gedenkstätten mit „doppelter Vergangenheit". Berlin 1999. S. 187 f.

abdeckten.[7]

2.2. Die Struktur des Sicherheitsapparates

Das Hauptquartier des Sicherheitsapparates befand sich nach Kriegsende erst in Potsdam, wurde dann jedoch nach dessen Umstrukturierung nach Berlin-Karlshorst verlegt. In seiner horizontalen Organisationsstruktur entstanden in den Ländern beziehungsweise Provinzen und im sowjetisch besetzten Teil Berlin die „operativen Sektoren", kurz Opersektoren. Zur personellen Besetzung der Sektoren gibt es unterschiedliche Angaben. Sie schwanken zwischen 30 und 90 Offizieren, 20 bis 25 Dolmetschern und etwa 150 bis 250 Soldaten der Inneren Truppen des MWD.[8] Mit Ausnahme Thüringens hatten die Opersektoren ihren Dienstsitz in den jeweiligen Landes- oder Provinzhauptstädten. Formell arbeiteten die Sektoren bei den jeweiligen Verwaltung der örtlichen sowjetischen Administration, sie waren jedoch unabhängig. Dort leiteten sie die Tätigkeit ihrer unterstellten Bezirks- und Kreisopergruppen sowie der Opergruppen der größeren Städte und der Internierungslager der SBZ. Jeder Opersektor gliederte sich ein einzelne Abteilungen. Zu den wichtigsten gehörten die operative Abteilung, die Untersuchungsabteilung inklusive der Untersuchungsgefängnisse und die Abteilung für Spionageabwehr. Mit Gründung der DDR und der damit verbundenen Abschaffung der Länder und Einführung der Bezirke, wurden auch die Opersektoren abgeschafft und in 14 Bezirksopersektoren umgewandelt.[9]

Die Bezirksopergruppen arbeiteten bei den Bezirkskommandanturen der SMAD. Ihre Anzahl veränderte sich mit der Änderung der Gliederung der Länder und Provinzen der SBZ. 1946 gab es insgesamt 18 Bezirksopergruppen, die die Arbeit der Kreisopergruppen in ihren Bezirken anleitete. Die Kreisopergruppen waren die kleinsten und untersten Einheiten des sowjetischen Sicherheitsapparates in der SBZ. Sie waren für die Durchführung der örtlichen operativen Arbeit verantwortlich. Wie bei den Bezirksopergruppen schwankte auch ihre Anzahl und war abhängig von der Zahl der Kreise im Bezirk. 1946 gab es 170 solcher Kreisopergruppen in der SBZ. Sie bestanden zumeist aus wenigen Leuten: dem Leiter der Gruppe, dem operativen Oberbevollmächtigten, 1 bis 2 Dolmetschern und dem Fahrer.[10]

Zu den Aufgaben des MGB vor Ort zählte vor allem die Aufklärung und Beobachtung

---

7 Foitzik: Sicherheitsapparat. In: Reif-Spirek; Ritscher (Hrsg.): Speziallager. S. 188.
8 Vgl. Foitzik, Jan: Sowjetische Militäradministration in Deutschland (SMAD). In: Broszat, Martin; Weber, Hermann (Hrsg.): SBZ-Handbuch. München 1993. S. 29.
9 Filippovych; Kubina; Sacharov: Tschekisten. In: Wilke (Hrsg.): Anatomie. S. 301.
10 Ebd. S. 302.

sogenannter subversiver Elemente, politischer Parteien, Gewerkschaften, Kirchen und Schulen sowie die Überwachung des Personals der deutschen Polizei und Verwaltung. Zur Sicherstellung der Erfüllung dieser Aufgaben rekrutierte das MGB in der SBZ eine Vielzahl von Vertrauensleuten. Zum Jahresbeginn 1946 verfügte die sowjetische Geheimpolizei bereits über einen Pool von 2304 deutschen Spitzel, bis 1949 erhöhte sich diese Zahl nochmal auf 3084.[11]

Wie alle Elemente des sowjetischen Staatsapparates unterlagen auch sämtliche Einheiten des NKWD und später MGB einer politischen sprich parteilichen Kontrolle. Diese wurde durch das Netz der Parteiorganisationen sichergestellt. Deren Organisation glich der des Sicherheitsapparates. So bildeten die örtlichen bei den Kreismilitärkommandanturen angesiedelten Parteiorganisationen den Grundbaustein und waren den Parteiorganisationen der Bezirksopergruppen unterstellt. Die wiederum unterstanden den Parteibüros der Opersektoren in den Ländern oder Provinzen und hatten ihren Sitz bei den Bezirkskommandanturen der SMAD. Dem Prinzip folgend war die Parteiorganisation auf Länder- oder Provinzebene bei der entsprechenden Verwaltungsebene der SMAD angesiedelt. Die dort ansässigen Parteibüros bestanden aus jeweils 7 bis 9 gewählten Mitgliedern, denen ein hauptamtlicher Parteisekretär vorstand. Die Kontrolle der partei-politischen Arbeit gewährleistete die Politische Verwaltung der SMAD.[12]

Während das MGB ab 1946 komplett die operative Arbeit übernahm, war das MWD weiterhin für Internierungslager - auch Speziallager genannt - sowie für die Gefängnisse verantwortlich. Dafür gab es im besetzten deutschen Gebiet eine eigene Abteilung, die die Lager verwaltete und die Bewachung organisierte. Über das Schicksal der Verhafteten entschied weiterhin das MGB, hier lagen die Kompetenzen zur Verhaftung, Befragung und Entlassung von Verdächtigen. Im Sommer 1948 fand sich für die insgesamt 10 Speziallager und Gefängnisse in der SBZ ein neuer Dienstherr - die Hauptverwaltung der Besserungsarbeitslager GULAG.[13]

Verschiedenen Angaben zufolge waren in den Speziallagern von 1945 bis 1950 etwa 160.000 bis 190.000 Deutsche interniert, von denen 30.000 bis 40.000[14] wegen katastrophaler hygienischer Umstände und vor allem mangelnder Versorgung umgekommen sein sollen. Bis

---

11 Foitzik, Jan: Organisationseinheiten und Kompetenzstruktur des Sicherheitsapparates der Sowjetischen Militäradministration in Deutschland (SMAD). In: Plato (Hrsg.): Speziallager. S. 131.
12 Filippovych; Kubina; Sacharov: Tschekisten. In: Wilke (Hrsg.): Anatomie. S. 303.
13 Petrov: Apparate. In: Plato (Hrsg.): Speziallager. S. 141 ff.
14 Plato, Alexander von: Sowjetische Speziallager in Deutschland 1945 bis 1950: Ergebnisse eines deutsch-russischen Kooperationsprojektes. In: Reif-Spirek; Ritscher (Hrsg.): Speziallager. S. 141 f.

1946 wurden die Internierten zumeist ohne Gerichtsbeschluss in den Lagern festgehalten. Lediglich schwere Fälle wie Kriegsverbrechen oder Sabotage kamen vor die sogenannten Troika oder Petka - Militärtribunale mit jeweils 3 oder 5 Richtern. Ab Februar 1948 setzten Lager-Entlassungen in großem Stil ein. Geschuldet war das vor allem der hohen Mortalität in den Lagern, die weit über dem sonstigen Durchschnitt in der SBZ lag. Die übrigen Internierten wurden zunächst auf drei Lager konzentriert und schließlich in weiten Teilen mit der Auflösung der Lager im Jahr 1950 in Gefängnisse verbracht. Nicht alle von den sowjetischen Militärtribunalen vor 1950 Verurteilten landeten zwangsläufig auch in den Lagern. MWD und MGB unterhielten von Kriegsende bis in die Mitte der Fünfziger hinein eigene Gefängnisse - die gefürchteten GPU-Keller.[15]

2.3. Die Arbeit der tschekistischen Organe

Unmittelbar nach Ende des Krieges war die „Säuberung" der SBZ von „feindlichen Elementen" die Hauptaufgabe der Organe des sowjetischen Sicherheitsapparates. Vorerst bedeutete die Arbeit der Tschekisten eine umfassende Entnazifizierung der SBZ. Zu deren Durchführung hatten sich laut Befehl Nr. 42 der SMAD „Alle ehemaligen Angehörigen der deutschen Armee im Range eines Leutnants [...] sowie ohne Ausnahme alle ehemaligen Angehörigen des SS und SA, Mitarbeiter der Gestapo und Mitglieder der NSDAP [...] bis zum 25. September 1945 einer Registrierung bei den Militärkommandanturen zu unterziehen."[16]

Die meisten diesen Kreisen zugehörigen Personen wurden bei der Registrierung verhaftet und den Organen des NKWD überstellt. Das NKWD selbst hatte für die operative Arbeit seines Sicherheitsapparates den Kreis der „feindlichen Elemente" um alle Angehörigen deutscher Geheimdienste, Mitglieder von Untergrundorganisationen wie den Werwölfen und des gesamten NS-Apparates erweitert. Allein bis zum 1. September verhafteten die operativen NKWD-Gruppen auf dieser Grundlage fast 70.000 Menschen[17] und steckten sie anschließend vielfach ohne Prüfung ihres Hintergrund für längere Zeit in die schon erwähnten Internierungslager. Als Verhaftungsgrund reichte bereits eine einfache Denunziation ohne wirkliche Beweise oder eine Ausbildung im Volkssturm, die als Vorbereitung auf Werwolf-

---

15 Marquardt, Bernhard: Die Zusammenarbeit zwischen MfS und KGB. In: Fricke, Karl-Wilhelm; Marquardt, Bernhard: DDR Staatssicherheit. Bochum 1995. S. 55 f.
16 Fricke, Karl Wilhelm: „Kampf dem Klassenfeind": Politische Verfolgung in der SBZ. In: Fischer, Alexander (Hrsg.): Studien zur Geschichte der SBZ/DDR. Berlin 1993. S. 182.
17 Filippovych; Kubina; Sacharov: Tschekisten. In: Wilke (Hrsg.): Anatomie. S. 307.

Aktivitäten gewertet wurde, aus. Unterstützung erhielten die Opergruppen durch die operativen Maßnahmen der Inneren Truppen des NKWD/MGB. Sie durchkämmten periodisch das gesamte Gebiet der SBZ und nahmen verdächtige Personen fest. Weitere Aufgabe der Opergruppen und Truppen war die Bekämpfung der Kriminalität seitens der Deutschen und auch der Russen. Zudem existierte eine spezielle Opergruppe bei der Sächsischen Bergbauverwaltung, die später in die sowjetische Aktiengesellschaft „Wismut" umgewandelt wurde. Die Opergruppe sicherte hier den durch Zwangsarbeiter unter unsäglichen Bedingungen stattfindenden Abbau von Uran für das sowjetische Atomprogramm ab.[18]

Der Kreis der Personen, die durch sowjetische Geheimdienste verhaftet und interniert wurden, erweiterte sich im Laufe der Nachkriegszeit. Der Fokus ging weg von der Entnazifizierung, zumal diese am 26. Februar 1948 durch den SMAD-Befehl Nr. 35[19] offiziell für beendet erklärt wurde. Vielmehr traf es immer mehr Deutsche, die nach Ansicht des NKWD/MGB der radikalen politischen Umgestaltung der SBZ hinderlich sein konnten. Dazu zählten Staatsbeamte, Richter, Anwälte, Lehrer, Journalisten, Ärzte, Wissenschaftler, Intellektuelle, Unternehmer und Großbauern, die häufig ohne nationalsozialistischen Hintergrund interniert wurden. Als „bürgerliche Elite", eben als Klassenfeind, den es auszuschalten galt, waren sie im Interesse der Umwälzung von Herrschaft und Gesellschaft zu isolieren. Mit Gründung der SED betraf die Verfolgung durch die sowjetische Staatssicherheit auch vermehrt politisch Andersdenkende, zumeist Sozialdemokraten und Liberale. Hier zeigt sich, dass die Geheimdienste insbesondere mit ihrer Lagerpraxis keineswegs nur Interesse an einer Eliminierung der Überreste des NS-Systems hatten. Vielmehr zeigt sich durch die „prophylaktische" Internierung von Nicht-Kommunisten, dass die „Säuberung" von „feindlichen Elementen" von Anfang an eine auch eine allgemeine politische Säuberung der SBZ war.[20]

Unbedingte Voraussetzung für die erfolgreiche operative Arbeit der Geheimdienste war der Aufbau eines weitverzweigten Agenten- und Spitzelnetzes. Die sowjetische Staatssicherheit, die bereits über weitreichende Erfahrung auf diesem Gebiet verfügte, warb in der SBZ eine Vielzahl von „Vertrauensleuten" in allen größeren Betrieben, Behörden, in Parteien und damit auch in der SED, den Gewerkschaften und Kirchen sowie dem sowjetischen SMAD-Personal

---

18 Ebd. S. 306 ff.
19 Vgl. Befehl Nr. 35 der SMAD über die Auflösung der Entnazifizierungskommissionen vom 26. Februar 1948. In: Rößler, Ruth-Kristin (Hrsg.): Entnazifizierungspolitik der KPD/SED 1945-1948. Dokumente und Materialien. Goldbach 1994. S. 257.
20 Fricke: Klassenfeind. In: Fischer. Studien. S. 184 f.

und den Besatzungstruppen. Die Deutschen, in gewisser Hinsicht in Sachen Denunziation und Bespitzelung bereits vorgebildet, waren oftmals erpressbar und konnten unter Androhung einer Verhaftung oder dem Versprechen der Haftentlassung zur Zusammenarbeit überzeugt werden. Für die Schulung der Angeworbenen gab es spezielle Ausbildungsstätten. Der Ausbau der Agentennetzes begann sofort nach Beendigung der Kampfhandlungen, so verfügte das NKWD bereits Ende Mai 1945 über 246 geworbene deutsche Agenten, deren Anzahl sich 6 Monate später bereits verzehnfacht hatte. Letztlich entwickelte sich der Spitzelapparat zu einem der wichtigsten und wirksamsten Mittel sowjetischer Geheimdienste bei der Überwachung gesellschaftlicher und politischer Prozesse. So blieb in der Lebenswelt der Deutschen, der Verwaltung und Politik kein Bereich, der nicht in irgendeiner Weise observiert und damit auch kontrolliert wurde. [21]

3. Die Vorläufer des deutschen Ministerium für Staatssicherheit in der SBZ

3.1. Der Aufbau der Polizei

Aus Sicht der Sowjets gehörte ab Mai 1945 die Reorganisation der Polizei zu den wichtigsten Verwaltungsaufgaben. Für die deutschen Kommunisten wie Walter Ulbricht war es ein entscheidender erster Schritt zur Wiederherstellung der öffentlichen Ordnung, die Polizei wieder einsatzbereit zu machen. Gerade wegen dieser Dringlichkeit bestand die Polizei in den ersten Monaten der sowjetischen Besatzung keineswegs nur aus linientreuen Kommunisten. So gehörte ein beträchtlicher Teil der Polizisten, die bereits Erfahrung mit Polizeiarbeit hatten, der SPD an. Viele Polizisten waren ehemalige Wehrmachtsangehörige, im Dezember 1948 stellten sie etwa 73 Prozent[22] der Beschäftigten bei der Polizei. Vereinzelt gelang es auch ehemaligen NSDAP-Mitgliedern, und ehemaligen SS- und SA-Leuten in die Polizei einzutreten. Deutsche Kommunisten klagten später, dass „Hunderte Faschisten, Kriminelle und unwürdige Elemente Eingang in die Polizei gefunden"[23] hätten. Im Land Mecklenburg traf das auf 57 Personen zu, in den restlichen Ländern gab es ähnliche Zahlen.[24] Bei einer

21 Filippovych; Kubina; Sacharov: Tschekisten. In: Wilke (Hrsg.): Anatomie. S. 310.
22 Auszug aus der Personalstruktur der Polizei des Landes Mecklenburg, Stand: Ende Dezember 1948. In: Glaser, Günther (Hrsg.): „Reorganisation der Polizei" oder getarnte Bewaffnung in der SBZ im Kalten Krieg? Dokumente und Materialien zur sicherheits- und militärpolitischen Weichenstellung in Ostdeutschland 1948/1949. Frankfurt am Main 1995. S. 262.
23 Naimark, Norman M.: Die Russen in Deutschland. Berlin 1997. S. 448.
24 Auszug aus der Personalstruktur der Polizei des Landes Mecklenburg, Stand: Ende Dezember 1948. In:

Anzahl von 21973[25] Polizisten Anfang 1946 in der SBZ, ist deren Anteil jedoch marginal und betraf ohnehin fast ausschließlich die untersten Ränge. Allerdings bekleideten die eingestellten ehemaligen Offiziere der Wehrmacht fast durchgängig leitende Positionen.[26] Die größten Problem der Polizei der Nachkriegsmonate lagen vor allem in der fehlenden Ausstattung, der schlechte Organisation und der - vielfach dem grundsätzlichen Mangel an Allem geschuldeten - Verwicklung in kriminelle Aktivitäten wie dem Verkauf konfiszierter Ware. Das Personal der Polizei unterlag starken Fluktuationen, zurückzuführen auf die Entnazifizierung, die mangelnde Motivation wegen schlechter Bezahlung und Entlassungen wegen der falschen politischen Gesinnung oder Kriminalität. 1945 durfte die deutsche Polizei zudem keine Waffen tragen und konnte so kaum gegen die steigende Zahl krimineller Banden oder marodierende russische Soldaten, die von der deutschen Strafverfolgung ohnehin nicht betroffen waren, wehren. Der Alliierte Kontrollrat hob dieses Waffengebot jedoch ab dem 1. Januar 1946 auf.[27]

Die Polizeihoheit lag nach dem Krieg bei den 5 Ländern beziehungsweise Provinzen der Sowjetischen Besatzungszone. Nur einige Wochen nach Bildung der Landes- und Provinzverwaltungen wurden innerhalb der jeweiligen inneren Verwaltungen eigenständige Polizeiabteilungen gebildet. Als Vorbild beim Wiederaufbau der Polizeibehörden diente der Polizeiapparat der Weimarer Republik. Es entstanden auf örtlicher Ebene Einzel- und Gruppenposten, Reviere, Orts- und Kreisbehörden und schließlich die Landespolizeibehörden. Die Polizei war also anfangs dezentral organisiert. Das sollte sich mit der von der SMAD befohlenen Gründung der deutschen Verwaltung des Inneren DVdI am 30. Juli 1946 ändern. Die Hauptaufgabe der neuen Zentralverwaltung lag im Bereich der Polizei-Organisation und der Werbung und Ausbildung geeigneten Nachwuchses für die deutsche Polizei in der SBZ. Vorerst unterstützte die DVdI die Polizeiabteilungen der Länder beim Aufbau einer einheitlichen Polizei. Im Laufe der Zeit wechselten die Kompetenzen jedoch von den Ländern immer weiter in Richtung Zentralverwaltung. Ab 1948 intensivierten sich diese Anstrengungen, nachdem der erste Präsident der DVdI, Erich Reschke, von Kurt Fischer abgelöst wurde. Fischer, Offizier der Roten Armee und ehemaliger Geheimdienstler im Dienste Stalins, setzte den Wandel von einer bislang koordinierenden Funktion hin zu klaren

Glaser (Hrsg.): Reorganisation. S. 262.
25 Lindenberger, Thomas: Die deutsche Volkspolizei (1945-1990). In: Diedrich, Torsten; Ehlert, Hans; Wenzke, Rüdiger (Hrsg.): Im Dienste der Partei. Handbuch der bewaffneten Organe der DDR. Berlin 1998. S. 99.
26 Auszug aus der Personalstruktur der Polizei des Landes Mecklenburg, Stand: Ende Dezember 1948. In: Glaser (Hrsg.): Reorganisation. S. 262.
27 Naimark: Russen. S. 447 ff.

Leitungsfunktion der zentralen Innenverwaltung bezüglich der Polizei, das heißt die Zentralisierung der Polizei, durch. Neben Fischer gab es drei Vizepräsidenten - allesamt SED-Mitglieder - die für einzelne Sektionen verantwortlich waren: zum einen Kurt Wagner, ehemaliger NS-Häftling und vorher Polizeipräsident von Leipzig, für die Schutz-, Bahn- und Kriminalpolizei; dann der ehemalige Insasse des KZ Buchenwald Willi Seifert mit dem Bereich Verwaltungs- und Verkehrspolizei. Und zuletzt Erich Mielke, der für die politische Polizei verantwortlich war.[28]

Der Aufbau und die Führung der Polizei lag von Beginn an zumeist in den Händen altgedienter KPD-Funktionäre und SED-Mitgliedern. Die wegen ihrer Erfahrung eingestellten Nicht-Kommunisten, meist Sozialdemokraten, wurden spätestens ab 1948 aus den Führungsebenen entfernt. Mittlerweile war eine Mindestanzahl neuer Kader ausgebildet worden, die deren Funktion übernehmen konnten. Eine wichtige Rolle bei diesem Auslese- und Schulungsprozess spielte ab 1948 die Hauptabteilung „Polit-Kultur" (PK) - eine politische Kontroll- und Disziplinierungsinstanz innerhalb der Polizei, die „ab 1949 systematisch eine kaderpolitische Gleichschaltung des Personals vorantrieb."[29] Die Hauptabteilung PK überwachte die Durchführung der Parteibeschlüsse und musste darüber bei der Partei Rechenschaft ablegen. Ihr erster Leiter war der Kommunist Robert Bialek. Die PK-Leiter in den Dienststellen, die ein Gegenzeichnungsrecht für alle dienstlichen Befehle besaßen, waren „vor allem für die ideologische Schulung der Polizeimitarbeiter zuständig; außerdem sollten sie sie zu Disziplin und Arbeitseifer erziehen, überdies aber auch Ansprechpartner bei Unterkunft, Verpflegung und anderen das materielle Wohlergehen der Mitarbeiter betreffenden Fragen sein."[30] Zu diesem Zweck installierte die SED-Führung über die DVdI in jeder Kreisdienststelle und in den Ländern PK-Abteilungen und schaffte sich damit einen zentralisierten Instanzenzug, auf dem entsprechende Befehle von oben nach unten durchgestellt werden konnten und der die politische Kontrolle bis auf die unterste Ebene der Hierarchie sicherte.[31]

Ebenso wie es der SED gelang mithilfe der SMAD sowohl in den Ländern als auch der Zentralverwaltungen ihr Machtmonopol auszubauen, hatte sie spätestens 1949 eine im Hinblick auf die Mitwirkung bei der Strafverfolgung und bei politischen Säuberungen

28 Schneider, Dieter Marc: Innere Verwaltung/Deutsche Verwaltung des Inneren (DVdI). In: Broszat; Weber (Hrsg.): SBZ Handbuch. S. 212.
29 Lindenberger: Volkspolizei. In: Diedrich, Ehlert, Wenzke: Im Dienste der Partei. S. 101.
30 Schumann, Silke: Parteierziehung in der Geheimpolizei. Die Rolle der SED im MfS der fünfziger Jahre. Berlin 1997. S. 46.
31 Schneider: Verwaltung. In: Broszat; Weber (Hrsg.): SBZ Handbuch. S. 213.

politisch instrumentalisierte Polizei an der Hand. Der Aufbau paramilitärischer Einheiten wie der Grenzpolizei 1946 und der kasernierten Volkspolizei 1948 bedeuteten einen immensen Machtzuwachs für die Innere Verwaltung und die Partei. Neue und verschärfte Gesetze, wie das Wirtschaftsstrafrecht zum Schutz der jetzt staatlichen Volkseigenen Betriebe, den VEBs, und die Neudefinitionen politischer Delikte, konnten zur Kriminalisierung von Verhaltensweisen und Personengruppen führen, gegen die nun mithilfe der Polizei vorgegangen werden konnte. So erweiterte sich vor allem das Aufgabenprofil der Kriminalpolizei, wie die Bildung der politischen Abteilung K 5 zeigt. Die SED und verfügte nun über ein eigenes repressives Machtinstrument.[32]

3.2. Das Dezernat K 5 der Kriminalpolizei

3.2.1. Die Bildung einer politischen Polizei

Zu den Aufgaben der Kriminalpolizei gehörte es von Anfang an, gemeinsam mit den sowjetischen Sicherheitsdiensten gegen faschistische und militaristische Kriminelle, aber auch auch gegen die sogenannten „konterrevolutionären Elemente", vorzugehen. Die Rolle der Deutschen beschränkte sich dabei vorerst auf Informationsbeschaffung und die Feststellung von Zeugen. Die weitere Verfolgung oblag weiterhin den Sowjets, wobei diese zu Verhaftungen oftmals deutsche Polizisten heranzogen. Eigene Verhaftungen blieben in den ersten Nachkriegsmonaten eine Seltenheit. Zum oben genannten Unterstützungszweck wurden in den örtlichen Dienststellen der Polizei Gruppen zur besonderen Verwendung (zbV) eingerichtet, die zunächst direkt sowjetischen Stellen untergeordnet waren und „Sonderaufträge zur Ergreifung getarnter Faschisten"[33] erfüllten. Sie gingen häufig aus ehemaligen Partisanen- und Agentenkommandos hervor, welche überwiegend aus deutschen Kommunisten und Absolventen der in den Speziallagern eingerichteten Antifa-Schulen bestanden. Aus den Gruppen zur besonderen Verwendung bildeten sich die Sonderkommissariate beziehungsweise politische Abteilungen der Kriminalpolizei. Von einem geheimdienstlichen Charakter kann an dieser Stelle jedoch kaum die Rede sein, obgleich die Gründung der DVdI und die damit verbundene Zentralisierung und politische

---

32 Lindenberger: Volkspolizei. In: Diedrich, Ehlert, Wenzke: Im Dienste der Partei. S. 102.
33 Gieseke, Jens: Die hauptamtlichen Mitarbeiter der Staatssicherheit. Personalstruktur und Lebenswelt 1950-1989/90. Berlin 2000. S. 53.

Wegweisung Schritte in diese Richtung bedeuteten.[34]

Der Begriff „politische Polizei" wurde 1945 noch ganz unverhohlen benutzt und verschwand erst 1946 aus pragmatischen Gründen zunehmend aus dem Sprachgebrauch. So hieß die entsprechende Abteilung beispielsweise in Weimar „Politische Polizei" und in Erfurt „Kripo 1 (Politische Polizei)". Mit dem Jahr 1946 setzten sich auf Landesebene die Bezeichnungen „Abteilung Zentrale Auskunft" oder später „Referat Auskunft" oder auch „Referat 9" durch.

Neben der Ergreifung - die auch eigenständig und nicht notgedrungen immer auf Anweisung der sowjetischen Dienste erfolgte - von Nationalsozialisten und Verhaftungen in Kooperation und auf Befehl der Sowjets, gehörte das Sammeln von jeglicher Art an Informationen zur alltäglichen Aufgabe der frühen politischen Partei. Das Hauptaugenmerk galt dabei politischen NS-Biographien, dem Anlegen von Datenspeichern über solche und der Herausgabe von Auskünften an das NKWD oder an die West-Alliierten. Des Weiteren zeigt das Beispiel der Erfurter Kripo 1 das Bestehen von Sonderabteilungen, welche weniger belastete Nationalsozialisten aufspürte und zur Wiedergutmachung zum Arbeitseinsatz delegierte. Bereits 1945 gab es zudem Forderungen, die Aufgaben der politischen Abteilungen über die NS-Verfolgung hinaus auszuweiten. So vertrat der erste Thüringer Landeskriminaldirektor Geißler die „Ansicht, in den Aufbau der politischen Polizei auch gleichzeitig die Überwachung der Parteiorganisation mit einzubauen"[35]. Geißler gründete 1946 die Unterabteilung „Abteilung Zentrale Auskunft" der Landeskriminalpolizei, deren Zuständigkeit bei der „Kontrolle aller antidemokratischen Kräfte innerhalb aller Organisationen, Presse, Kultur, Funk, Einwanderung, Auswanderung. Schutz der Industrie und Wirtschaft und der Landesämter"[36] lag. Der hier dargelegte Aufbau einer politischen Polizei ist als exemplarisch für die gesamte SBZ anzusehen. Allerorts bildeten sich in den Polizeistellen und bei den Ländern Abteilungen, die ähnliche Aufgaben inne hatten und ausführten. In Berlin gab eine äquivalente „Abteilung S" und auf Landesebene das „Referat 5", in Sachsen das „Kommissariat IX" und in Sachsen-Anhalt die „Politische Abteilung".[37]

Die DVdI ging nach ihrer Gründung 1946 daran, diese unterschiedlichen Polizeistrukturen zu vereinheitlichen und zu zentralisieren. Die politische Polizei mit ihren verschiedenen Bezeichnungen und Unterstellungen ordnete sie vollends der Kriminalpolizei zu. Im Januar

---

34 Gieseke: Hauptamtliche Mitarbeiter. S. 53 f.
35 Herz, Andrea: Politische Polizei und Entstehung der K 5. Online unter: Landesbeauftragte des Freistaates Thüringen für die Unterlagen des Staatssicherheitsdienstes der DDR 2007. http://www.thueringen.de/tlstu/publikationen-pdf/1945bis50/k5.pdf. Stand: 30. November 2008.
36 Ebd.
37 Ebd.

erhielt sie die Bezeichnung „Kriminalpolizei 5", kurz K 5, unter der sie von nun an firmierte und „sich an der Seite der Operativgruppen des sowjetischen Ministeriums für Staatssicherheit (MGB) bald eine berüchtigten Namen"[38] machte. Die Nummerierung folgte der gleichzeitig in Kraft getretenen Straftatengrundeinteilung der DVdI In der Straftatenklasse V waren „Straftaten anderer Art zusammengefasst, das heißt: die Bearbeitung von Aufträgen der Besatzungsbehörde, Attentate, Sabotage, Verstöße gegen die Befehle der Sowjetischen Militäradministration, Sabotage am Aufbau, Sprengstoff- und Waffenvergehen, Weiterführung von NS-Organisationen, falsche Angaben ehemaliger Mitglieder der NSDAP, Verbrechen gegen die Menschlichkeit, Entfernung und Beschmutzung demokratischer Propaganda, sowie Verbreitung von Gerüchten und Parolen als auch Verstöße gegen den Neuaufbau im Allgemeinen. Letztlich umfasste diese Aufteilung Aufgaben, die weit über die Verfolgung nationalsozialistischer Verbrechen hinausging.[39]

Dass die Entnazifizierung im Rahmen von Befehl Nr. 201 der SMAD nicht die einzige Aufgabe oder gar der Gründungsgrund der K 5 waren[40], zeigt die Struktur des Referats K 5 bei der DVdI sehr anschaulich. Dort gab es einen ganzen Zweig „c", dessen Aufgabenstellung sich eindeutig nicht auf die Verfolgung von Nationalsozialisten bezog. Den einzelnen Arbeitsgruppen dieses Zweiges wurden „Attentate gegen Personen des öffentlichen Lebens etc." (K 5 c 1), „Sabotage am Aufbau" (K 5 c 2), sowie die „Bekämpfung von Verbreitung von antidemokratischen Hetzparolen und Gerüchten" (K 5 c 3) zugewiesen. Mit der „Überwachung von Funk- und Fernschreibgeräten" oblag der Einheit K 5 c 4 fast schon eine nachrichtendienstliche Geheimschutzaufgabe. Diese Gliederung des Referats übernahmen auch die Dezernate 5 der Landeskriminalämter und die Kriminalkommissariate 5 der örtlichen Polizeidienststellen.[41]

Als ebenso evident erweisen sich die Jahresberichte der Dezernate K 5. Hier zeigt sich zudem der stetige Anstieg der Verfolgung politischer Delikte, so weist ein Jahresbericht des Dezernats K 5 in Sachsen für das Jahr 13869 bearbeitete Fälle aus, in deren Zusammenhang 775 Personen verhaftet wurden.[42] Im Jahr darauf stieg die Anzahl der Fälle bereits auf 23017, davon standen 5760 im Zeichen der Durchführung des Entnazifizierungsbefehls Nr. 201 der SMAD, und 1760 Verhaftungen.[43] Im Jahr 1948 folgte ein weiterer Anstieg um fast das

38 Gieseke, Jens: Mielke-Konzern. Die Geschichte der Stasi 1945-1990. Stuttgart, München 2001. S. 39.
39 Gieseke: Hauptamtliche Mitarbeiter. S. 55.
40 In der älteren Literatur bis in die 1990er Jahre ist diese These recht häufig vertreten.
41 Gieseke: Hauptamtliche Mitarbeiter. S. 56.
42 1947(er) Jahresbericht Dezernat K5 Land Sachsen. In: Glaser (Hrsg.): Reorganisation. S. 97 f.
43 Jahresbericht Dezernat K5 Land Sachsen (für 1948). In: Glaser (Hrsg.): Reorganisation. S. 248.

Doppelte auf eine Zahl von 51236 Fällen, davon 12674 im Rahmen von 201, mit 3205 Verhaftungen.[44] Die Erfüllung von Befehl 201 nahm ab 1947 also nur einen - wenn auch großen - Teil der vorhandenen Ressourcen in Anspruch. Weitere Kräfte wurden in die „Bearbeitung" und Verhaftung oppositioneller Kräfte gesteckt. Darunter die Aktivitäten der Sozialdemokraten, die beim K 5 in die Sparten „illegale Organisationen" und „illegale Flugblätter" fielen. Deren „illegales" Handeln und dessen „Bearbeitung" durch die politische Polizei lässt sich anhand der Jahresberichte gut verfolgen. Der Bericht von 1947 registrierte „im Vergleich zum Vorjahr eine systematische Gegenarbeit durch die SPD, die ihren Höhepunkt mit der Verbreitung der illegalen Sächsischen Zeitung während des Landesparteitages der SED in Dresden fand, jedoch im Wesentlichen keine größere Ausdehnung nehmen konnte, da es teilweise gelang, die Täter zu überführen."[45] Die K 5 erkannte eine Zunahme „illegaler Flugblätter" und gemalter Parolen durch die Sozialdemokraten von 160 auf 536 Fälle im Jahr 1947. Die Parolen und Flugblätter der SPD, die ihre gedruckten Flugblätter vielfach von außerhalb der SBZ bezog, propagierten in erster Linie eine Aufhebung der Illegalität der Partei und gegen die aufziehende SED-Diktatur in der SBZ. Die K 5 waren also, indem sie gegen Andersdenkende und Personen, welche die offensichtliche Linie der SED nicht vertraten, von Anfang an auch ein Mittel zur Etablierung und Machtsicherung der SED.[46]

Welchen Einfluss die SED in den K 5 und vor allem durch die K 5 tatsächlich hatte, zeigen die Aussagen eines K5-Mitarbeiters: „Mitglieder der SED, die ausgeschlossen sind, gehen in jedem Fall über die K 5. Hat die SED politische Gegner, an die man sich nicht heranmachen kann, bekommt K 5 in jedem Fall den Auftrag, ein Fall zu konstruieren. Wer freiwillig aus der SED austritt, wird ebenfalls überwacht durch K 5. SED-Politiker sind Vertrauensleute des K 5. Sie müssen mit uns zusammenarbeiten, ob sie wollen oder nicht."[47] In einigen Fällen nahmen Funktionäre der SED sogar an Vernehmungen politischer Gegner teil.

Trotz der organisatorischen Klärung durch die DVdI hatte die K 5 also die Stellung eines Sonderapparates, der mit einer normalen Gliederung der Kriminalpolizei wenig gemein hatte. Im Frühjahr 1949 erhielten die K 5 schließlich „die vollständige Unabhängigkeit von den deutschen Länderbehörden und arbeiteten ausschließlich mit den Sowjets und der DVdI in Berlin zusammen. Jetzt verloren die Innenminister der Länder noch die geringen

---

44 Ebd.
45 Donth, Stefan; Schmeitzner, Mike: Die Partei der Diktaturdurchsetzung. KPD/SED in Sachsen 1945-1952. Köln 2002. S. 336.
46 Ebd. S. 335 f.
47 Naimark: Russen. S. 456.

18

Kontrollmöglichkeiten, die sie bisher ausgeübt hatten."[48] Die K 5 war eng an die SED und die sowjetische Geheimpolizei gebunden, in deren Auftrag sie Ermittlungen ausführte, sich an Durchsuchungen und Festnahmen beteiligte und deren Offizieren sie selbstermittelte politische Fälle übergab. Die Verfolgung politischer Delikte blieb vorerst unter absoluter sowjetischer Dominanz. Das Sicherheitsbedürfnis und das Misstrauen der Sowjets ließ die deutsche Polizei lange auf eine den Anforderungen angepasste Ausstattung mit Schusswaffen oder auch Fernschreibern warten, sodass diese ihre Aufgaben nur schwerlich erfüllen konnte. Die Sicherung der Ordnung und die Verfolgung nichtpolitischer Straftaten wurde schließlich in immer größerem Maße von der Deutschen Volkspolizei, wie die offizielle Bezeichnung ab 1949 lautete, wahrgenommen. Der Bereich der politischen Straftaten und ihre Verfolgung blieb jedoch sehr viel stärker und länger in sowjetischen Händen. Die K 5 sind deshalb - trotz sich stetig verbessernder Möglichkeiten zur Ermittlung und eines wachsenden Aufgabenspektrums - vor allem als „Erfüllungsgehilfen der sowjetischen Geheimpolizei"[49] zu betrachten. Dies schloss jedoch nicht aus, dass die politischen Polizisten ihre Hilfsdienste mit akribischem Eifer und großer Härte ausführten.[50]

3.2.2. Der Befehl Nr. 201 der SMAD

Am 16. August 1947 erging in der SBZ Befehl Nr. 201 der Sowjetischen Militäradministration in Deutschland. Zweck war die Umsetzung der Direktiven des Alliierten Kontrollrats Nr. 24 und Nr. 38 zur Entnazifizierung. Mit dem Befehl 201 wurden einerseits die Beschränkungen für ehemalige NSDAP-Mitglieder, die sich nicht der Beteiligung an nationalsozialistischen Verbrechen schuldig gemacht hatten, aufgehoben. Andererseits sollten „Kriegsverbrecher, Mitglieder der verbrecherischen Naziorganisationen und führenden Persönlichkeiten des Hitlerregimes zur gerichtlichen Verantwortung gezogen"[51] werden. Mit der Durchführung betraute die SMAD die DVdI, Entnazifizierungskommissionen und die deutsche Justiz. Die Kontrolle über die Durchführung blieb bei der SMAD, genauer bei den Verwaltungschefs der SMA der Länder denen periodisch Bericht zu erstatten war. Die deutsche Verwaltung hatte nun zu gewährleisten, dass „innerhalb einer Frist von drei Monaten

---

48 Ebd. S. 457.
49 Leide, Henry: NS-Verbrecher und Staatssicherheit. Die geheime Vergangenheitspolitik der DDR. Göttingen 2006. S. 36.
50 Gieseke: Mielke-Konzern. S. 39.
51 Befehl Nr. 201 der SMAD vom 16. August 1947. Richtlinien zur Anwendung der Direktiven Nr. 24 und Nr. 38 des Kontrollrats. In: Rößler (Hrsg.): Entnazifizierungspolitik. S. 148.

die Arbeiten zur Entfernung von aktiven Faschisten und Militaristen aus allen öffentlichen und halböffentlichen Stellungen und von verantwortlichen Posten in wichtigen Privatunternehmungen"[52] durchgeführt werden.

Der Befehl war mit enormen Kompetenzerweiterungen der DVdI, der Innenminister und den letztlich ausführenden Organen der Polizei verbunden. Der DVdI-Präsident ernannte seinen Vize Erich Mielke zum Verantwortlichen für die Durchführung des Befehls und die Innenminister zu den Vorsitzenden der jeweiligen Landesentnazifizierungskommissionen. Erich Mielke erläuterte auf einer Konferenz wenige Wochen nach Erlassen des Befehl seine Bedeutung: „Er ziele auf Rehabilitation und Wiedereinbeziehung ehemaliger nomineller Parteigenossen als gleichberechtigter Staatsbürger (um diese für den Wiederaufbau politisch zu gewinnen); er ziele auf die Entfernung aus Ämtern und Stellungen [...] und er ziele schließlich auf die Bestrafung der Verbrecher durch die Untersuchungsorgane der Inneren Verwaltung und der Justiz. Kern des Befehls 201 war jedoch, all diese Verfolgungsmaßnahmen tatsächlicher und vermeintlicher Systemgegner in ihrer ganzen Breite in deutsche Hände zu legen, dabei den deutschen Polizei- und Verwaltungsapparat auf seine Repressionsfähigkeit und zugleich die Akzeptanz der Deutschen für Repressionsmaßnahmen in scheinbar vollständiger deutscher Regie zu prüfen."[53] Die Auslegung und Anwendung des Befehls 201 ging also weit über eine bloße Entnazifizierung hinaus.

Die K 5 erhielten im August 1947 durch den DVdI-Präsidenten ihre fortan wichtigste Aufgabe, die Durchführung der Ermittlungen in Entnazifizierungsverfahren. Wie bereits erwähnt erweiterten sich mit dem Befehl auch die Kompetenzen der ermittelnden Stellen und damit der K 5, was vor allem auf Kosten der regulären Justizorgane geschah. Die politische Polizei wurde zum Untersuchungsorgan und konnte von nun an bei der Verfolgung eines Beschuldigten als „die die Untersuchung führende Behörde alle erforderlich Maßnahmen zu seiner Auffindung, vorläufigen Festnahme und Inhaftierung sowie zur Sicherstellung seines Vermögens treffen."[54] Das heißt die Mitarbeiter der K 5 hatten von nun an die Möglichkeit ohne Beschlüsse von Staatsanwaltschaft oder Richtern, Verhaftungen vorzunehmen und Vermögen zu konfiszieren. Außerdem erhielten sie Kontrolle über den Strafvollzug der im Rahmen von Befehl 201 verurteilten und konnten selbst Anklageschriften formulieren. Die K

---

52 Ebd.
53 Müller, Hans-Peter: „Parteiministerien" als Modell politisch zuverlässiger Verwaltungsapparate. Eine Analyse der Protokolle der SED-Innenministerkonferenzen 1946-1948. In: Wilke (Hrsg.): Anatomie. S. 371.
54 Ausführungsbestimmung Nr. 3 zum Befehl Nr. 201 vom 16.8.1947 (Richtlinien zur Anwendung der Direktive Nr. 38 des Kontrollrats). In: Rößler (Hrsg.): Entnazifizierungspolitik. S. 154.

5 erhielten Befugnisse, „die bis dahin nur den sowjetischen Sicherheitsorganen vorbehalten gewesen waren."[55]

Der Personalbestand der K 5 erhöhte sich im Zuge der neuen Hauptaufgabe in den Jahren 1947 und 1948 massiv. In Sachsen stieg er im Zeitraum von Ende 1946 bis Ende 1947 von 163 auf 640 um das Vierfache, ein Jahr später kamen noch einmal fast 100 dazu.[56] In den restlichen Ländern war diese Zahl etwas niedriger, da Sachsen ein Vorreiterrolle spielte. Im gesamten Gebiet der SBZ gab es im Juni 1949 1592 Mitarbeiter in den K 5, damit stellten sie etwa ein Viertel aller Kriminalpolizisten in der Sowjetischen Besatzungszone.[57]

Auf Grundlage der Tätigkeiten der K 5 bezüglich des Befehl 201 wurden bis Oktober 1949 40.358[58] Untersuchungsverfahren gegen „aktive Nazis und Militaristen" eingeleitet, die deutschen Verwaltungen und Behörden waren von NS-Belasteten befreit. Im gleichen Zeitraum hatte die K 5 gemeinsam mit den sowjetischen Sicherheitsorganen die Liquidierung illegaler Naziorganisationen wie den „Edelweißpiraten", „Organisation 88", „Stimme der deutschen Nation" oder „Klub Deutschland" betrieben. Neben diesen Entnazifizierungsaktivitäten übernahm die politische Polizei im Auftrag oder mit Zustimmung der SMAD zunehmend die Überwachung und Bekämpfung tatsächlicher oder mutmaßlicher „Gegner des demokratischen Aufbaus". Die SED-Führung versuchte in diesem Zusammenhang unter dem Deckmantel der Entnazifizierung die neuen Möglichkeiten zu nutzen, „um den ehemaligen Trägern der gestürzten Macht in Stadt und Land ihre ökonomische Basis zu entziehen."[59]

Im Februar 1948 wurde die Entnazifizierung schließlich mit Befehl Nr. 35 der SMAD für beendet erklärt, die Säuberung der Verwaltung und Wirtschaft galt offiziell als abgeschlossen. Der Aufgabenbereich der K 5 verlagerte sich nun in Richtung neuer Anforderungen, wie dem schnellen Aufbau der Wirtschaft. Die K 5 wandten sich verstärkt den schon erwähnten „Gegnern des demokratischen Aufbaus" zu. Schlüsselbegriffe wurden hier vor allem „Sabotage" und „Diversion". Dabei verstand die DVdI „Sabotage" als „Sammelbegriff für die verschiedensten strafbaren Handlungen zum Schaden unserer Wirtschaft und politischen Entwicklung."[60] Diese Definition ließ einen weiten Ermessensspielraum zur Politisierung

55 Erler, Peter: Zur Sicherheitspolitik der KPD/SED 1945-1949. In: Suckut, Siegfried; Süß, Walter (Hrsg.): Staatspartei und Staatssicherheit. Zum Verhältnis von SED und MfS. Berlin 1997. S. 85.
56 Gieseke: Hauptamtliche Mitarbeiter. S. 57.
57 Ebd. S. 58.
58 Erler: Sicherheitspolitik. In: Suckut; Süß (Hrsg.): Staatspartei. S. 86.
59 Ebd.
60 Herz: Politische Polizei. http://www.thueringen.de/tlstu/publikationen-pdf/1945bis50/k5.pdf. Stand: 30. November 2008.

„normaler" Straftaten und bot die Möglichkeit beispielsweise Äußerungen gegen die Partei als aufbauschädigend zu deklarieren und zu verfolgen. Mit dem neuen Aufgabenprofil ging zum Einen eine Überschneidung mit den anderen Bereichen der Kriminalpolizei einher. Zum Anderen erforderte es Ermittlungen abseits der Strafprozessordnung und stabilisierte so die durch Befehl 201 gewonnen Kompetenzen. Die Organisation der K 5 wurden den neuen Anforderungen entsprechend angepasst und neue Arbeitsgruppen gebildet. So gab es zum Beispiel in Sachsen für jede politische Gruppe und Partei spezielle Gruppen. Der von Mielke geforderten Repression standen nun Tür und Tor offen und der Partei bot sich die Gelegenheit sich auch der letzten Widersacher und Querdenker zu entledigen - eine Möglichkeit von der die SED-Führung noch massenhaft gebrauch machen sollte.[61]

Ein deutliches Beispiel hierfür sind die Massensäuberungen innerhalb der SED im Zuge der Stalinisierung ab 1948, die unter einem Zusammenspiel der SED, der sowjetischen Sicherheitsbehörden und der K 5 stattfanden. Die innerparteilichen Abweichler, in erster Linie Sozialdemokraten die im SED-Jargon „Schumacherleute" hießen, wurden der „feindlichen Tätigkeit" bezichtigt und zu „Feinden der Partei" erklärt. Die Folgen für die Betroffenen hießen Verhaftung, Aburteilung, Deportation. Die Impulse für die Arbeit der K 5 ging dabei von den Personal-Politischen Abteilungen der SED und von den Informationsabteilungen der SMA der Länder aus. Die K 5 hatten Verdächtige zu observieren und gegebenenfalls zu verhaften. Anschließend stand entweder eine Übergabe an die Organe der Sowjetischen Militäradministration oder Vernehmungen und Inhaftierungen in deutscher Eigenregie an. Das Endergebnis blieb jedoch dasselbe, in den meisten Fällen kam es zu einer Verurteilung durch ein Sowjetisches Militärtribunal. Die Haft betrug in der Regel 25 Jahre und musste entweder in Internierungslagern der SBZ oder im sowjetischen GULAG abgesessen werden. Auf diese Weise gewann die SED den „Kampf um die ideologische Festigung der Partei."[62]

3.2.3. Die Mitarbeiter der K 5

Das Kommissariat 5 der Kripo wurde von Anfang an „mit von den sowjetischen Sicherheitsorganen eigens auf seine politische Zuverlässigkeit gründlich überprüftem Personal besetzt"[63]. Die Führungspositionen blieben für erprobte Kommunisten bestimmt, welche meist in den politischen Schulen von NKWD und MGB Spezialausbildungen

---

61 Donth; Schmeitzner: Diktaturdurchsetzung. S. 364.
62 Ebd. S. 363 ff.
63 Fricke, Karl-Wilhelm: Die DDR-Staatssicherheit. Köln 1989. S. 22.

genossen hatten. So leitete der zwischen 1933 und 1944 in Konzentrationslagern und Zuchthäusern inhaftierte Erich Jammer die Abteilung K 5 in der DVdI. Nach seiner Verpflichtung zur SS-Strafeinheit Dirlewanger ein Jahr vor Kriegsende, lief Jammer zur Roten Armee über und kehrte 1947 aus sowjetischer Kriegsgefangenschaft zurück, um direkt die K5-Tätigkeit bei der DVdI aufzunehmen. Mit Rolf Markert und Jean Baptiste Feilen standen in Sachsen und Thüringen zwei ehemalige Häftlinge des KZ Buchenwald an der Spitze der K 5. In Mecklenburg übernahm der ehemalige Sachsenhausen-Insasse Rudolf Wunderlich die Leitung. Der Brandenburger K 5 standen dagegen ehemalige Partisanen vor: Emil Wagner, der als junger Wehrmachtssoldat 1943 in russische Kriegsgefangenschaft geriet und nach einer Antifa-Schulung als Partisan und Agent fürs NKWD agierte, und Martin Weikert, ein Absolvent der Moskauer Lenin-Schule und ab 1944 Funker beim Hauptstab der Partisanen in der Slowakei. Die leitenden Posten der gesamten Polizei waren mit Kadern, die ähnliche Lebenswege vorzuweisen hatten, besetzt.[64]

Nach Nationalsozialismus und Krieg gab es allerdings nur wenige erfahrene Kommunisten, geschweige den ausgebildete Experten. Die kommunistischen Kader vertrieben bis 1948/1949 zwar einen großen Teil der sozialdemokratischen und bürgerlichen Polizisten aus ihren Positionen, sie konnten die Reihen aber nur recht notdürftig auffüllen. Das gilt insbesondere für die K 5, da hier wegen der Sonderstellung als unmittelbar politisches Instrument der Besatzungsmacht und der SED besonders strenge Kriterien für das Personal galten. Die Folgen für die K 5 waren erhebliche personelle Schwierigkeiten. So klagte der Cottbuser Chef der K 5, sein Kommissariat bekomme „meistens die minderwertigsten Kräfte zugewiesen. Ein großer Teil bestehe aus Berufssoldaten."[65] Ähnlich sah es in der sächsischen K 5 aus, in der nach Angaben dessen Leiters, kein einziger früherer Polizist oder Angestellter der Verwaltung als Mitarbeiter zu finden war. Vielmehr rekrutierten sich diese aus Arbeiterkreisen und gelernten Handwerker, die mit dem bürokratischen Teil ihrer Arbeit vielfach überfordert waren. Die zur K 5 versetzten Schutzpolizisten zeigten sich dagegen häufig unzufrieden mit der Bezahlung des anspruchsvolleren Dienstes. Es herrschte also ein Dilemma: Die Einen waren teilweise einfach unqualifiziert, den Anderen mangelte es manchmal an der nötigen politischen Überzeugung und am Idealismus für die Aufgabe. Von einer politischen Elitetruppe der Kriminalpolizei konnte also zumindest auf den Ebenen unterhalb der Landespolizeiführung kaum die Rede sein. So wurden die im politischen Sinne fähigsten Polizeikader offensichtlich eher in Führungspositionen der anderen Polizeizweige oder der

---

64 Gieseke: Mielke-Konzern. S. 40 f.
65 Gieseke: Hauptamtliche Mitarbeiter. S. 75.

örtlichen Dienststellen eingesetzt, als in untergeordneten Positionen der K 5, die dem Status und Umfang nach letztlich nur eine Untergliederung der Kriminalpolizei war.[66]

3.3. Die Hauptverwaltung zum Schutz der Volkswirtschaft

Ab 1948 gab es seitens der deutschen Kommunisten vermehrt Bestrebungen den Kampf gegen feindliche Elemente nicht mehr nur den sowjetischen Organen zu überlassen. Der innenpolitische Kurs der SED-Führung hatte sich verschärft und sie begann, den Aufbau eines eigenen Regierungsapparates voran zu treiben. Ulbricht wurde in Moskau mehrfach mit der Bitte vorstellig, die Dezernate K 5 zu einem eigenen Geheimdienst ausbauen zu dürfen. Diese Bitte stieß seitens des MGB in Person von Viktor Abakumov allerdings auf wenig Gegenliebe. Ende 1948 schlugen Walter Ulbricht, Wilhelm Pieck und Otto Grotewohl bei einem Besuch in Moskau nun die Einrichtung einer „Hauptabteilung zum Schutz der Wirtschaft und der demokratischen Ordnung". Abakumov hielt diesen Vorschlag für wenig sinnvoll. Er befürchtete als Reaktion die Installation eines deutschen Spionagedienstes in der Westzone. Weiterhin führte er an, es gäbe zu wenig überprüfte deutsche Kader und die Deutschen seien ohnehin nicht ausreichend zuverlässig und erfahren für ein solches Unterfangen. Abakumov fürchtete um die Position seines Ministeriums und machte verständlich, dass das MGB gut allein mit dem Kampf gegen antisowjetische Elemente und Spione zurecht käme. Es bestehe keine Notwendigkeit, zu diesem Zwecke einen deutschen Apparat zu schaffen.[67]

Die deutsche Delegation hatte jedoch bei Stalin präzise Vorstellungen über den neuen Dienst geäußert und forderte keineswegs einen autarken deutschen Geheimdienst. Die Hauptabteilung sollte der direkten Kontrolle der sowjetischen Besatzungsorgane und des Präsidenten der Verwaltung des Inneren unterliegen. Finanziell sollte sie der Kriminalpolizei zugehören, tatsächlich jedoch direkt beim Präsidenten der DVdI beziehungsweise bei den Polizeichefs der Länder angesiedelt sein. Den Betrieben der SBZ würden Beauftrage für Sabotageabwehr zugeordnet, die direkt dem auf Kreisebene verantwortlichen Leiter des Apparates unterständen. Um eine ausreichende Qualifizierung des Personals in fachlicher und politischer Hinsicht zu gewährleisten, müsste es eine zusätzliche Spezialausbildung für die Abwehrtätigkeit an einer speziellen Fakultät der Höheren Polizeischule der Volkspolizei

---

66 Ebd. S. 75 ff.
67 Petrov: Apparate. In: Plato (Hrsg.): Speziallager. S. 153.

durchlaufen.[68]

Stalin nahm schließlich die Vorschläge an und stimmte entgegen der Empfehlung des sowjetischen Staatssicherheitschefs dafür. Er sah in dem konkurrierenden Nebeneinander mehrerer Geheimdienste, mit Blick auf die sich verschärfende Situation zwischen den Alliierten Besatzungsmächten in Berlin, durchaus einen Vorteil. Die SED sollte ihren Staat und damit auch ihren Geheimdienst bekommen. Am 28. Dezember 1948 beschloss das Politbüro der KPdSU, in der SBZ einen solchen deutschen Dienst zu schaffen. Gleichzeitig erging die Anweisung an Abakumov und die SMAD, Vorschläge zur Umsetzung einzureichen. Am 7. März 1949 legte der MGB-Chef entsprechende Pläne, die die Grundlage für die zukünftige Arbeit bildeten, vor. Bereits einen Monat später berichtete Abakumov, dass „solche Organe in allen Kreisen entstehen und zu ihrer Kontrolle und Anleitung Kreisabteilungen des MGB."[69] Zur Bewerkstelligung des Vorhabens wurden noch einmal zusätzliche 115 MGB-Mitarbeiter von der UdSSR in die SBZ abkommandiert.[70]

Im Zuge der Umstrukturierung der DVdI organisierte diese zunächst die Kriminalpolizei neu. Die Abteilungen bekamen ab März 1949 neue Bezeichnungen und neue Aufgabengebiete zugewiesen. Damit erfuhren auch die K 5 strukturelle Änderungen und hießen nun zuerst Abteilung H, dann D. Die neuen Titel setzten sich jedoch nur schwer durch. Mit dem 6. Mai vollzog sich dann der Schritt zum Aufbau des Geheimapparates: die DVdI koppelte die K 5 aus der Kriminalpolizei aus. Kurz darauf entzog der Leiter der zentralen K 5 den Chefs der Kriminalpolizei auf Landes- und Ortsebene die Weisungsbefugnis für die Abteilungen K 5. Einzig die DVdI war von nun an weisungsbefugt. Dieser Schritt vollzog sich unter verschärfter Geheimhaltung, denn die Länderchefs durften die Anweisung nur mündlich nach unten weitergeben. Die K 5 mussten nun organisatorisch strikt von der restlichen Kripo getrennt, Akten separat aufbewahrt und eigene Poststellen eingerichtet werden. Zusätzlich wurde den neuen Abteilungen D Personal zugesprochen, so dass ein Drittel der Stellen der Kriminalpolizei auf diese Abteilung entfallen sollten.[71]

Federführend beim Aufbau des neuen Apparates war Erich Mielke, der seit 1948 bereits für den Aufbau des Politkulturapparates in der DVdI und der Volkspolizei verantwortlich zeichnete und nun die Stellung des DVdI-Vize „für Allgemeines" inne hatte. Er baute in den Ländern entsprechende Verwaltungen auf und zog Personal zusammen. Mit Gründung der

---

68 Gieseke: Hauptamtliche Mitarbeiter. S. 59.
69 Petrov: Apparate. In: Plato (Hrsg.): Speziallager. S. 153.
70 Ebd.
71 Herz: Politische Polizei. http://www.thueringen.de/tlstu/publikationen-pdf/1945bis50/k5.pdf. Stand: 30. November 2008.

DDR und der Regierungsbildung tauchte der Geheimapparat dann als „Hauptverwaltung zum Schutz der Volkswirtschaft" im Ministerium des Inneren, dem Nachfolger der DVdI, auf. Die Hauptverwaltung arbeitete jetzt gleichrangig und eigenständig neben der Volkspolizei im MdI. Damit einher ging ein weitgehender personalpolitischer Neuanfang, denn SED und MGB verbanden eine radikale Auslese beim Personal mit diesem Vorgang. Die Versetzungen in die neue Hauptverwaltung begannen im Juni 1949. Dabei war es nicht selbstverständlich, dass die K 5-Mitarbeiter automatisch in den MfS-Vorläufer übernommen wurden. Tatsächlich betrug die Übernahmequote - nach eingehender Prüfung der Mitarbeiter auf ihre politische Zuverlässigkeit durch Offiziere des MGB - im Durchschnitt lediglich circa 10 Prozent. Die restlichen 90 Prozent setzten sich größtenteils aus Mitarbeitern der anderen Zweige der Polizei zusammen, den Löwenanteil stellte dabei die Kriminalpolizei. Bis zur Gründung des Ministeriums für Staatssicherheit verfügte der Apparat dann über etwa 1100[72] Mitarbeiter, die vor allem in den Länderverwaltungen eingesetzt waren. Sie alle durchliefen eine eingehende Prüfung und Bewertung. Insgesamt beurteilten MGB und die zukünftige Führung 6670 Kandidaten - mehr als 80 Prozent davon wurden als ungeeignet aussortiert.[73]

4. Das Ministerium für Staatssicherheit

4.1. Gründung und Aufbau des MfS

Am 28. Januar 1950 erschien in den Ost-Berliner Zeitungen ein „Bericht über die verstärkte Tätigkeit von Spionen, Saboteuren und Agenten." Mielke und seine Mitverfasser beschuldigten darin „kriminelle Verbrecher im Dienste des amerikanischen und britischen Geheimdienstes zahlreicher Diversions- und Sabotageakte sowie umfangreicher Spionagetätigkeit" und der Durchführung „systematischer Terrorakte gegen führende Funktionäre [...] der Republik."[74] Gleichzeitig veröffentlichte die Regierung einen Beschluss mit ähnlichem Inhalt, in dem sie behauptete, dass „mit dem Aufstieg unserer Wirtschaft, der Festigung der demokratischen Ordnung [...] sich die Tätigkeit der Agenten, Spione und Saboteure verschärft habe. Es sei erwiesen, dass die Sabotagefälle die ideologische

---

72 Gieseke, Jens: Das Ministerium für Staatssicherheit (1950-1990). In: Diedrich, Ehlert, Wenzke: Im Dienste der Partei. S. 378.
73 Gieseke: Hauptamtliche Mitarbeiter. S 61 ff.
74 Fricke: Staatssicherheit. S. 23.

Vorbereitung gefunden haben durch die verstärkte Propaganda, [...] durch offene und geheime Feinde unserer demokratischen Ordnung, die im Bereich unserer Republik wohnen und zum Teil sogar in Staatsstellungen tätig sind. Daher müssten die Organe der Sicherheit unseres Staates unbedingt befähigt werden, der verstärkten Tätigkeit der Feinde zu begegnen. [...] Keine Maßnahme des Feindes, keine Propagandamaßnahme darf unbeachtet bleiben."[75] Dazu sollte ein Berichtssystem installiert werden, welches einen ständigen Gesamtüberblick über die Tätigkeit der Feinde innerhalb und außerhalb der DDR lieferte. Damit war die Öffentlichkeit über die Notwendigkeit und die Gründung einer entsprechenden Institution unterrichtet und gleichzeitig das ungefähre Wirkungsspektrum, nämlich der Kampf gegen innere und äußere Feinde, abgesteckt.[76]

Die offizielle Gründung des Ministeriums für Staatssicherheit erfolgte dann vier Monate nach Gründung der DDR per Gesetz vom 8. Februar 1950. Als Aufgaben des MfS definierte der damalige Innenminister Karl Steinhoff, den Schutz der volkseigenen Wirtschaft vor Anschlägen und Angriffen, der Kampf gegen feindliche Agenten und Spione sowie die Sicherstellung der demokratischen Entwicklung im Sinne der SED und der störungsfreien Erfüllung der Wirtschaftspläne. Darin deutet sich an, dass das MfS „grundsätzlich in allen gesellschaftlichen Bereichen, der Industrie und Landwirtschaft, dem politischen System mit seinen staatlichen Institutionen sowie Parteien und Massenorganisationen, nicht zuletzt den Religionsgemeinschaften vermeintliche oder tatsächliche Gegner der Transformation zu Volksdemokratie nach sowjetischem Vorbild aufzuspüren und dingfest zu machen hatte."[77]

Eine Kontrolle des Ministeriums, als formelles Organ des Ministerrates sprich der Regierung, durch parlamentarische oder exekutive Organe war nicht vorgesehen. Das MfS war ausschließlich dem Willen der SED-Führung und sowjetischen Führung in Person der Offiziere von MWD und MGB unterworfen. Die Unterstellung „entsprach dem sowjetischen Standard. Dieser war strukturell (von Stalin bestätigt) hinsichtlich des Prinzips der Unterordnung unter die Partei sowie der personellen Verstärkung durch leitende Kader (ausschließlich SED-Mitglieder) vorgegeben."[78] Der stellvertretende Ministerpräsident Otto Nuschke bezeichnete das MfS, welches formal dem Ministerrat unterstand, 1952 als „Behörde eigener Verantwortung."[79]

---

75 Ebd.
76 Ebd.
77 Gieseke: Staatssicherheit. In: Diedrich, Ehlert, Wenzke: Im Dienste der Partei. S. 376.
78 Petrov, Nikita: Die gemeinsame Arbeit der Staatssicherheitsorgane der UdSSR und der DDR in Osten Deutschlands (1949-1953). In: Reif-Spirek; Ritscher (Hrsg.): Speziallager. S. 201.
79 Gieseke: Staatssicherheit. In: Diedrich, Ehlert, Wenzke: Im Dienste der Partei. S. 375 f.

Die Staatssicherheit konzentrierte sich in ihrer Arbeit von Anfang an auch auf „westliche Nachrichtendienste, auf das Bundesministerium für gesamtdeutsche Fragen [...] und das Ostbüro der SPD. Zu den Organisationen, die es zu zerschlagen galt, zählten die „Kampfgruppe gegen Unmenschlichkeit", der „Untersuchungsausschuß freiheitlicher Juristen", der „Bund deutscher Jugend" und die Zeugen Jehovas."[80] Dabei gelangen dem MfS bis 1952 nach eigenen Angaben „beachtliche Erfolge". Das Verbot der Zeugen Jehovas 1951 war einer davon. Eine wesentliche Rolle dabei spielten erstmals die Inoffiziellen Mitarbeiter des MfS. Das Ministerium setzte zudem die Überwachung und Verfolgung aller politischer Kräfte fort, die nicht der offiziellen Parteilinie folgten. Weiterhin unterstützte die Staatssicherheit in den ersten Jahren die Zentrale Parteikommission bei der massiv einsetzenden Parteisäuberung innerhalb der SED. Dadurch sollte die SED von einer immer noch stark von der Vereinigung mit der SPD geprägten Massenpartei zu einer „Partei Neuen Typs" nach stalinistischem Vorbild geformt werden. Dem fielen mitunter auch Mitglieder des Politbüros zum Opfer, wie das Beispiel Paul Merker zeigt.[81]

Zum ersten Minister für Staatssicherheit bestimmte das Politbüro den bisherigen Leiter der Hauptverwaltung Ausbildung, dem Vorläufer der Kasernierten Volkspolizei, Wilhelm Zaisser, zu seinem Stellvertreter Erich Mielke. Mielke wurde seitens der SED zuvor als Favorit behandelt, jedoch führten Lücken in seinem Lebenslauf während des Krieges zu einem Einspruch durch die Sowjets. Er musste sich also vorerst mit dem Stellvertreterposten zufrieden geben. Zaisser dagegen erhielt sogar eine Doppelfunktion, als Mitglied des Parteivorstands und des Politbüros war er fortan für die Polizei und das MfS zuständig, während er letzteres leitete. Damit unterlag er gewissermaßen seiner eigenen politischen Kontrolle. Zaissers Ministerium besaß eine Zentrale in Berlin, Landesverwaltungen in den fünf Ländern der DDR sowie die Groß-Verwaltung Berlin. Dazu kamen Kreisdienststellen in allen Kreisen und ab 1951 die Objektverwaltung Wismut. Mit der Abschaffung der Länder 1952 lösten sich die Landesverwaltungen auf und gingen in die 14 Bezirksverwaltungen über, dabei blieben die Berliner Groß-Verwaltung und die Objektverwaltung Wismut erhalten. Mit der gleichzeitigen Vermehrung der Kreise wuchs auch die Anzahl der Kreisdienststellen. Die Gliederung des MfS glich also der des Staatsapparates.[82]

Im Frühjahr 1952 wurde das MfS und damit auch sein Vorsitz Wilhelm Zaisser Opfer

---

80 Müller-Enbergs, Helmut (Hrsg.): Inoffizielle Mitarbeiter des Ministeriums für Staatssicherheit. Richtlinien und Durchführungsbestimmungen. Berlin 1996. S. 27.
81 Schumann: Parteierziehung. S. 24.
82 Ebd. S. 24 f.

harscher Kritik durch die sowjetischen Verantwortlichen und die SED-Führung. Der organisatorische Stand und die Präsenz seien unzureichend. Das MGB hatte sich zuvor über den niedrigen Personalbestand von nur etwa 43 Prozent[83] des Sollwertes beschwert. Anschließend stieg die Anzahl deutlich von gut 5500 auf 8800 Mitarbeiter[84] zum Jahresende. Der massive Ausbau stand im Zusammenhang mit dem Ende einer möglichen gesamtdeutschen Perspektive und der darauf folgenden Verhärtung des Kurses der SED nach innen und außen. Auf der 2. Parteikonferenz verkündete Walter Ulbricht, nun solle mit dem „Aufbau des Sozialismus" begonnen werden. Das bedeutete neben der Personalaufstockung und der Eingliederung von Grenz- und Transportpolizei unter das Dach des MfS vor allem eine Intensivierung der operativen Aktivität. So wurden allein zwischen August und Dezember 1952 1476[85] Personen verhaftet.[86]

Die Aufbauphase des neuen Ministeriums war bis 1953 im Großen und Ganzen abgeschlossen, obgleich im März 1953 noch nicht alle neu gebildeten Kreise eine eigene Dienststelle hatten. Die flächendeckende Präsenz der Staatssicherheit war jedoch gesichert. Seit 1952 verfügte das MfS bereits über 14 operative Diensteinheiten. Darunter fanden sich spezielle Abteilungen für Spionageabwehr, den politischen Untergrund inklusive der Parteien und Kirchen, die Volkswirtschaft, Statistik und Datenerfassung, West-Arbeit und für den zivilen Staatsapparat. Die Hauptmethode der Staatssicherheit bestand in dieser Phase der Machtgewinnung und -sicherung in willkürlichen Verhaftungen und Erpressung von Geständnissen durch Dauerverhöre und Folter. 1952 stellte das Staatssicherheitsministerium im Zuge des Militarisierungsschubes, der mit der veränderten politischen Lage einher ging, seine Polizeidienstgrade auf militärische Dienstgrade um. Das MfS verfügte über militärisch strukturierte kasernierte Wacheinheiten, die an den Sitzen der Landesverwaltungen und Berlin-Adlershof aufgebaut wurden und auch nach der Einführung der Bezirke dort verblieben. Ihre Hauptaufgabe lag in der Bewachung von Staatssicherheits-, Partei- und Regierungsgebäuden.[87]

Im Mai 1953 erklärte Ulbricht, die feindlichen Kräfte hätten ihre Aktivitäten in der DDR - gemäß der Lehre von der Verschärfung des Klassenkampfes beim Aufbau des Sozialismus - aufgrund der gesellschaftlichen Umwälzungen im Land verstärkt. Die bisherigen Erfolge der Staatssicherheit reichten nicht aus, ab sofort müsse sie „alles wissen, das ist jetzt etwas mehr,

---

83 Gieseke: Hauptamtliche Mitarbeiter. S. 87.
84 Ebd.
85 Müller-Enbergs: Inoffizielle Mitarbeiter. S. 29.
86 Schumann: Parteierziehung. S. 27.
87 Gieseke: Staatssicherheit. In: Diedrich; Ehlert; Wenzke: Im Dienste der Partei. S. 377.

als das früher der Fall gewesen ist."[88] Das die Staatssicherheit bei Weitem noch nicht alles wusste, zeigen die Entwicklungen des 17. Juni 1953, die „die fehlende demokratische Legitimation der SED-Herrschaft offen zutage"[89] treten ließen. Das MfS hatte in eklatanter Weise versagt und konnte den Aufstand weder vorhersagen, noch verhindern. Auch die Massenverhaftungen von Demonstranten und vermeintlicher westlicher Drahtzieher - bis zum 7. Juli verhaftete allein das MfS 4816[90] Personen - kompensierten diese Niederlage nicht. Die Folgen für das MfS waren nicht nur personeller Natur, Wilhelm Zaisser wurde abgelöst und einige MfS-Mitarbeiter verhaftet, sondern betrafen die gesamte Institution der Staatssicherheit. Der Ministerrat beschloss, das MfS als Staatssekretariat für Staatssicherheit in das Ministerium für Inneres einzugliedern. Damit folgte die DDR ähnlichen Entwicklungen in der Sowjetunion. Die Leitung des SfS übernahm Ernst Wollweber an der Seite von Innenminister Willi Stoph. Erich Mielke blieb Stellvertreter, bekam jedoch einen weiteren Konkurrenten in Person von Markus Wolf. Wolf war als Leiter des gerade eingegliederten Außenpolitischen Nachrichtendienstes APN, der späteren Hauptverwaltung Aufklärung, ebenfalls in den Kreis der Stellvertreter des Staatssekretärs aufgestiegen.[91]

4.2. Repression und Entspannung - Die Ära Wollweber

Der Apparat der Staatssicherheit blieb mit den Ereignissen, die der 17. Juni nach sich zog, weitgehend eigenständig. Allerdings band die Führung das SfS nun auch politisch enger an sich. So wurde Wollweber zwar ZK-Mitglied, erhielt aber keinen Sitz im Politbüro. Die dortige Zuständigkeit übernahm Walter Ulbricht selbst. Als Reaktion auf den 17. Juni begann die Staatssicherheit Informationsgruppen einzurichten, die Stimmungsberichte über die Bevölkerung anfertigen sollte. Ihr Erfolg war vorerst allerdings eher gering. Des Weiteren sollte die Werbung inoffizieller Mitarbeiter intensiviert werden. Wichtigstes Instrument blieben aber die Verhaftungen. Durch die Kritik der Partei ohnehin unter Erfolgsdruck gesetzt, startete das SfS unter Wollweber zwischen Ende 1953 und Anfang 1955 drei groß angelegte Schläge gegen „Diversanten und Agenten". Während der Aktionen „Feuerwerk", „Pfeil" und „Blitz" nahm das SfS hunderte „feindlicher Agenten" fest. Allein die erste Aktion

---

88 Schumann: Parteierziehung. S.27.
89 Müller-Enbergs: Inoffizielle Mitarbeiter. S. 33.
90 Gieseke: Mielke-Konzern. S. 61.
91 Fricke: Staatssicherheit. S. 30 f.

„Feuerwerk" führte zu 547[92] Festnahmen. Weiterhin verschleppte das SfS 600 bis 700[93] Menschen aus der Bundesrepublik in den Machtbereich der SED. Darunter ein große Zahl geflohener MfS-Mitarbeiter, die vielfach such zum Zwecke der Abschreckung hingerichtet wurden.[94]

Nach der Unterzeichnung der Pariser Verträge im Oktober 1954 und dem Beitritt der BRD zur NATO im darauf folgenden Jahr kam es auf Initiative der Sowjets zu einer neuen Weichenstellung, die eine massive Verstärkung der Westarbeit der Staatssicherheit zur Folge hatte. Der Schwerpunkt verlagerte sich auf die „Beschaffung von Informationen aus den politischen Zentren der feindlichen Länder [...] um die feindliche Aktionskraft nach außen zu schwächen"[95]. In der Konsequenz wurde das SfS umstrukturiert, die Abteilungen XV bei den Bezirksverwaltungen und neue den Umständen angepasste Unterabteilungen geschaffen. Dieser Vorgang schloss 1956 mit dem Ausbau der Hauptabteilung XV zur Hauptverwaltung Aufklärung HVA ab. Mit der Aufgabenerweiterung der „Aufklärung" hin zu aktiven Maßnahmen und dem Zufluss bewährter Kader erfuhr letztlich auch das seit dem Aufstand vom 17. Juni durch das Politbüro geforderte Prinzip der „Einheit von Abwehr und Aufklärung" eine Stärkung.[96]

Am 24. November 1955 erlangte das MfS wieder den Status eines Ministeriums, damit wurde Ernst Wollweber Minister für Staatssicherheit. Etwa zur selben Zeit setzte nach dem Tod Stalins eine Art Tauwetter ein, das mit der Geheimrede Nikita Chruschtschows auf dem XX. Parteitag der KPdSU zum Ausbruch kam. Chruschtschow rechnete in der Rede mit den Verbrechen Stalins ab und erreichte damit auch in der DDR eine Wirkung. Im Rahmen der Entstalinisierung kamen insgesamt etwa 25000[97] Häftlinge frei, die verbliebenen MWD-Lager in der DDR wurden aufgelöst. In den Reihen des MfS lösten diese Prozesse Verunsicherung aus, galten Stalins Worte und Schriften doch als Richtschnur. MfS-Mitarbeiter taten sich deutlich schwerer bei Verhaftungen und so trat nach Zeiten der massiven Repression mit „konzentrierten Schlägen" ein Phase der Entspannung ein. Lange Anhalten sollte sie jedoch nicht. Nach der Niederschlagung des Aufstands in Ungarn 1956 verhärtete sich die Linie des Politbüros wieder und Ulbricht stoppte die Entstalinisierung. So seien „manche Genossen der Staatssicherheit so vorsichtig geworden, dass sie nicht mehr die Kraft gehabt hätten, gegen

---

92 Engelmann, Roger; Fricke Karl Wilhelm: „Konzentrierte Schläge". Staatssicherheitsaktionen und politische Prozesse in der DDR 1953-1956. Berlin 1998. S. 40.
93 Gieseke: Staatssicherheit. In: Diedrich;; Ehlert; Wenzke: Im Dienste der Partei. S. 378.
94 Ebd.
95 Engelmann; Fricke: Schläge. S. 222.
96 Ebd.
97 Gieseke: Staatssicherheit. In: Diedrich; Ehlert; Wenzke: Im Dienste der Partei. S. 382.

bestimmte Feinde des Staates vorzugehen. Es komme jetzt darauf an, sie zu ermuntern ihre Pflicht zu erfüllen und unter den veränderten Bedingungen auch manches in ihrer Arbeitsmethode zu verbessern."[98] Ulbricht sah in der Konzentration auf die Auslandsaufklärung ein Nachlassen der Wachsamkeit dem inneren Feind gegenüber und sorgte für einen erneuten Richtungswechsel, der unter anderem auch eine Erweiterung der Weisungsbefugnisse der Partei bedeutete. Wollweber geriet im Zusammenhang mit der neuerlichen Verschärfung des Kurses in Konflikt mit Ulbricht, woraufhin es letztlich zum offenen Bruch zwischen beiden kam. In der Folge musste Wollweber im Verlauf des Jahres 1957 eine Reihe organisatorischer Änderungen innerhalb des MfS hinnehmen, die seinen Einfluss erheblich beschnitten. Wollweber gab schließlich nach einem Herzinfarkt und weitgehender Entmachtung seinen Ministerposten auf. Sein Nachfolger hieß Erich Mielke und führte das MfS bis 1989.[99]

4.3. Die Zusammenarbeit des MfS mit den sowjetischen Geheimdienstorganen

Die sowjetischen Sicherheitsorgane spielten eine entscheidende Rolle beim Aufbau der Staatssicherheit der DDR, die in der Struktur und der Arbeitsweise maßgeblich vom sowjetischen Vorbild geprägt war. Mitbestimmend war zudem das Verhältnis der KPdSU zu seinem Geheimapparat, dem das deutsche Pendant immer wieder angepasst wurde.[100]
Um den Aufbau des MfS zu gewährleisten, erfuhr der Apparat des MGB in der gerade gegründeten DDR strukturelle Veränderungen. Sowohl auf zentraler Ebene als auch in den Opersektoren des MGB der Länder entstand eine neue Abteilung, deren Aufgabe die Kontrolle und Leitung der deutschen Staatssicherheitsorgane war. Zudem erfolgte eine Ausweitung der nach Westen gerichteten Aufklärungstätigkeit. Zur Umsetzung des Vorhabens entsandte Moskau 115 zusätzlich Geheimdienstoffiziere in die DDR. In den folgenden Jahren kam es zur Entstehung und zum Ausbau eines umfassenden Beratungsapparates des MGB in der DDR. Der Schwerpunkt der sowjetischen Aktivitäten verlagerte sich auf eine beratende Funktion und die erwähnte West-Aufklärung. Damit einher ging ein Rückgang der sowjetischen Repression in Deutschland, während die repressive Tätigkeit der deutschen Organe stetig zunahm. Das zeigt sich in der rückläufigen Zahl

---

98 Engelmann; Fricke: Schläge. S. 234.
99 Gieseke: Mielke-Konzern. S. 65 f.
100 Engelmann, Roger: Diener zweier Herren. Das Verhältnis der Staatssicherheit zur SED und den sowjetischen Beratern 1950-1959. In: Suckut, Siegfried; Süß, Walter (Hrsg.): Staatspartei und Staatssicherheit. Zum Verhältnis von SED und MfS. Berlin 1997. S. 51 f.

sowjetischer Verhaftungen deutscher Staatsbürger die von 2907[101] im Jahr 1949 auf nur noch 608[102] im Jahr 1952 zurück ging. Die sowjetischen Organe konzentrierten sich nun neben der Auslandsaufklärung in erster Linie auf „gefährlichere" Deutsche, deren Handlungen die sowjetischen Interessen - beispielsweise den Uran-Bergbau - tangierten; weiterhin auf Spione, Mitarbeiter deutscher Behörden, denen sich das MGB lieber selbst an nahm, oder auf sowjetische Bürger. Deutsche Angelegenheiten gingen in zunehmenden Maße in die Verantwortung des MfS über.[103]

Bevor das MfS jedoch eigenständig seine Arbeit aufnehmen konnte, war es eng an das MGB gebunden. In der Phase des Aufbaus wurde der „noch schwache Apparat des MfS von den sowjetischen Instrukteuren regelrecht geführt."[104] Die Leitung der Staatssicherheit und ihrer Arbeit oblag bis etwa Mitte 1952 faktisch sowjetischen Generälen und Offizieren. In jeder Abteilung des MfS war mindestens ein Instrukteur tätig. Die Instrukteure besaßen die uneingeschränkte operative Federführung in den Diensteinheiten des MfS und überwachten und leiteten alle Einzelheiten des täglichen Dienstbetriebes. Die Bearbeitung bedeutsamer Fälle übernahmen sie in der Regel selbst. Darüber hinaus saßen die sowjetischen Instrukteure in allen Kaderabteilungen der Staatssicherheit und nahmen somit entscheidenden Einfluss auf deren gesamte Personalpolitik. Dadurch bildete das MfS anfangs eher einen verlängerten Arm des MGB und wurde von ihm fachlich und politisch kontrolliert.[105]

Im Juni 1952 kam es mit der Schaffung eines Beraterapparates zu einer Umwandlung der Kontrolle und Anleitung des MfS durch das MGB. Oftmals waren die neuen Berater die vormaligen Instrukteure, deren Vollmachten sich damit noch nicht in relevanter Weise geändert hatten. So geschah immer noch „nichts, wozu die Offiziere des sowjetischen Geheimdienstes nicht ihr Einverständnis gegeben haben."[106] Die Berater waren auch nach wie vor an Kaderentscheidungen beteiligt und bestimmten weiterhin die Personalpolitik mit. Eine Ausdehnung des Beraterapparates erfolgte zwischen 1953 und 1956 in den Diensteinheiten des MfS, die für die Absicherung der Kasernierten Volkspolizei, der Vorläuferin der Nationalen Volksarmee, und die Überwachung deren großer Zahl militärischer Mitarbeiter zuständig war. Hier gab es mitunter bis zu drei Berater pro Einheit. Trotz allem bedeutete diese zweite Phase der Zusammenarbeit zwischen sowjetischem und deutschem Geheimdienst

---

101 Petrov: Staatssicherheitsorgane. In: Reif-Spirek; Ritscher (Hrsg.): Speziallager. S. 198.
102 Ebd.
103 Ebd. S. 199 ff.
104 Borchert, Jürgen: Die Zusammenarbeit des Ministeriums für Staatssicherheit (MfS) mit dem sowjetischen KGB in den 70er und 80er Jahren. Ein Kapitel aus der Geschichte der SED-Herrschaft. Berlin 2006. S. 49.
105 Ebd.
106 Marquardt: Zusammenarbeit. In: Fricke; Marquardt: Staatssicherheit. S. 57.

eine zunehmende Selbstständigkeit des MfS.[107]

Ab 1956 ging die Zahl der Berater in der DDR schrittweise zurück. Ein Jahr später begann die Umwandlung in einen Apparat der Verbindungsoffiziere. Eine Entwicklung die schließlich in der formalen Unabhängigkeit des MfS vom KGB im Jahr 1958 mündete. Das Verhältnis zwischen den beiden Geheimdienstorganen wurde von diesem Zeitpunkt an auf einer Ebene formaler Gleichberechtigung geregelt. Der KGB, Nachfolger des MGB, blieb aber nach wie vor ein bestimmender Faktor für die Arbeit des Ministeriums für Staatssicherheit.[108]

4.4. Die Mitarbeiter des MfS

Wie bereits erwähnt verfügte das MfS zum Zeitpunkt seiner Gründung in etwa über 1100 Mitarbeiter und hatte damit noch nicht die Personalstärke der K 5 erreicht. Der Grund lag in den personal-politischen Schnitten und den intensiven Überprüfungsverfahren der Bewerber. Im Laufe des Gründungsjahres erhöhte sich der Bestand auf etwa 2700[109], bis Ende 1951 dann bereits auf circa 4500[110] Mitarbeiter. Das meiste Personal entfiel dabei zunächst auf die Landesverwaltungen. Im Zuge des „Aufbau des Sozialismus" erfolgte eine weitere Personalaufstockung, so dass das MfS nach der Militarisierung im Mai 1953 über 8934[111] Mitarbeiter mit militärischem Dienstgrad verfügte. Dazu kamen die Angehörigen des Wachregiments und der Wachbataillone, die es Ende 1952 auf 3020[112] Mann brachten. Hier nicht mit eingerechnet sind die personalstarken Apparate der Grenz- und Transportpolizei, die zwar dem MfS unterstellt waren, aber als eigene Hauptverwaltungen vom eigentlichen Geheimdienstapparat getrennt blieben. Am Ende seiner Aufbauphase gehörten dem Ministerium für Staatssicherheit also etwa 12000 hauptamtliche Mitarbeiter, von denen über 90 Prozent[113] das Partei-Buch der SED besaßen, an.[114]

Die Staatssicherheit hatte in den Aufbau-Jahren Schwierigkeiten die erforderlichen Kader zu rekrutieren, da sie wegen ihres geheimdienstlichen Charakters auf öffentliche Massenkampagnen im Stile der SED verzichtete. Oberstes Prinzip war nach wie vor die individuelle Auswahl und Überprüfung jedes Einstellungskandidaten. Weiterhin galt dem

---

107 Ebd. S. 57 ff.
108 Borchert: Zusammenarbeit des Ministeriums. S. 49 f.
109 Gieseke: Hauptamtliche Mitarbeiter. S. 86.
110 Ebd.
111 Ebd. S. 88.
112 Ebd. S. 89.
113 Vgl. Schumann: Parteierziehung. S. 52.
114 Ebd. S. 86 ff.

MfS eine Bewerbung aus eigenem Antrieb als suspekt; das Ministerium suchte sich seine Kader in den Betrieben, der Landwirtschaft und der Polizei und ging dann auf diese zu. Um den Personalbedarf dennoch zu decken, leistete die SED, die zu diesem Zeitpunkt bereits weit verzweigt war, Aufbauhilfe bei der Anwerbung. Die fachliche Qualität der Angeworbenen ließ jedoch oftmals zu wünschen übrig. So beschwerten sich die sowjetischen Berater über eine mangelnde Allgemeinbildung und fehlendes Wissen, die geheimdienstliche und polizeiliche Arbeit betreffend. Probleme, die sich nachteilig auf die Arbeit des MfS auswirkten und bereits aus Zeiten der K 5 bekannt waren. Politische Überzeugung und Linientreue konnten eben keine Erfahrung oder fundiertes Fach- und Expertenwissen ersetzen. Angesichts der Sozialstruktur der MfS-Mitarbeiter waren diese Mängel kaum verwunderlich. Stichproben ergaben, dass der Großteil von ihnen aus der Arbeiterklasse kam und lediglich einen Volksschulabschluss besaß. Zur Aus- und Fortbildung des Personals führte das MfS Kurse an seiner Schule in Potsdam, die 1955 zur Hochschule der Staatssicherheit wurde, durch. Die Masse der Arbeiter eigneten sich ihre Kenntnisse jedoch in der praktischen Arbeit an, vermittelt durch sowjetische Geheimdienstoffiziere. Wirklich Erfahrung in ihrer Arbeit besaßen meist nur die leitenden Kader der Staatssicherheit. Oft alte Kommunisten, die bereits in den Reihen der Sowjets geheimdienstlich tätig waren und am Aufbau der Polizei und ihres politischen Zweiges in der SBZ mitgewirkt hatten.[115]

Von wachsender Bedeutung für die Arbeit des MfS erwiesen sich die Inoffiziellen Mitarbeiter des Ministeriums für Staatssicherheit. Erste Impulse zum Aufbau eines entsprechenden Informantennetzes gab es bereits während der Aktivitäten der K 5. Bei der Informationsbeschaffung spielte es jedoch eher eine marginale Rolle. Mit der Gründung des Ministeriums für Staatssicherheit sollte sich das ändern. Die MfS-Führung erließ Richtlinien über den Aufbau eines inoffiziellen Mitarbeiterapparates und den Umgang mit solchen Mitarbeitern. Orientierung boten dabei wahrscheinlich die sowjetischen Sicherheitsorgane, die seit Einmarsch der Roten Armee über ein eigenes Netz und Vertrauensleuten verfügten und deren Hilfe sich beim Aufbau des MfS „auf alle Arbeitsprozesse erstreckte."[116] Im ersten Jahr des MfS rekrutierte es etwa 5200[117] inoffizielle Mitarbeiter, davon entfiel etwa die Hälfte auf Sachsen, das hier wieder einmal eine Vorreiter spielte. In den beiden darauf folgenden Jahren kamen circa 25000[118] weitere dazu. Damit war die Zahl der IM Ende 1952 bereits

---

115 Gieseke: Staatssicherheit. In: Diedrich, Ehlert, Wenzke: Im Dienste der Partei. S. 378 ff.
116 Müller-Enbergs: Inoffizielle Mitarbeiter. S. 24.
117 Ebd. S. 30.
118 Ebd.

doppelt so hoch wie die der hauptamtlichen Mitarbeiter. Der Apparat der IM wurde kontinuierlich ausgebaut und gewann immer mehr an Bedeutung. Letztlich war es die ultimative Waffe des MfS, um alle Bereiche der Gesellschaft im In- und auch im Ausland zu durchdringen. Die inoffiziellen Mitarbeiter waren „für das Funktionieren des politischen Systems und für den Machterhalt der Einheitspartei unverzichtbar."[119]

4.5. Das Verhältnis zwischen MfS und SED

Die Beziehungen zwischen der SED und der Staatssicherheit waren eng und komplex. Das MfS war als „Schild und Schwert der Partei" das wichtigste Herrschaftsinstrument der Partei. Das MfS war als Institution klar der SED - und hier in erster Linie ihrer Führung - untergeordnet. Die Parteispitze leitete die MfS-Führung mittels der Beschlüsse des Politbüros und seiner 1953 gebildeten Sicherheitskommission an. Sie bestimmte organisatorisch die Struktur der Staatssicherheit, legte die Besetzung der Spitzenpositionen fest beziehungsweise stellte diese Positionen und gab Richtlinien für ihre Arbeit vor. Wie eng das MfS an die Partei geknüpft war, zeigen die Äußerungen Wilhelm Zaissers: „Das, was wir hier machen, ist Parteiarbeit. Wir sind das Schwert der Partei. Wir stehen an vorderster Front im Klassenkampf. Alles was wir tun, tun wir für die Partei."[120] Während der fünfziger Jahre hatte die SED jedoch nicht die völlige Vorherrschaft über das MfS, sondern erlebte Einschränkungen durch die Stellung der sowjetischen „Brudermacht", deren Sicherheitsorgane maßgeblichen Einfluss und Kontrolle über den Geheimdienst der DDR ausübten. Zumal die DDR bis September 1955 formell nur eine eingeschränkte Souveränität besaß. Gerade in den Anfangsjahren war die Staatssicherheit deswegen der „Diener zweier Herren".[121]

In der Aufbauphase des Ministeriums für Staatssicherheit war die SED nur schwach im MfS organisiert. Die politische Kontrolle oblag dem zuständigen Minister, der als Mitglied auch im Politbüro dafür zuständig war. Der Aufbau einer Parteiorganisation im MfS begann erst einige Monate nach dessen Gründung. Der Grund liegt nach Angaben Zaissers im anfänglichen Personalmangel und der Konzentration auf die operative Arbeit. Zaisser „habe sich bemüht, einige Mitarbeiter für eine hauptamtliche Tätigkeit freizustellen."[122] Darunter

---

119 Ebd. S. 7.
120 Engelmann; Fricke: Schläge. S. 10.
121 Engelmann: Diener. In: Suckut; Süß (Hrsg.): Staatspartei. S. 51 f.
122 Schumann: Parteierziehung. S.48.

fand sich der altgediente KPD-Funktionär und KZ-Überlebende Otto Walter, der als Erster Sekretär an der Spitze der SED innerhalb des MfS stand. Seit spätestens Herbst 1951 trug seine Parteiorganisation den Namen „Landesverband VII c" der SED. Darin waren die Untergliederungen der Partei im MfS Berlin, in den Landesverwaltungen und Kreisdienststellen der Staatssicherheit zusammengefasst. Damit bildete die Parteiorganisation im MfS, analog zu den anderen bewaffneten Organen der DDR, einen eigenen nicht-territorialen Landesverband, der gleichberechtigt und unabhängig von den Verbänden der fünf Länder der DDR existierte. Mit der im Herbst 1951 zunehmenden vertikalen Untergliederung der SED im MfS entstanden in den MfS-Landesverwaltungen und in Berlin nicht-territoriale Kreisparteiorganisationen. Gleiches gilt für die Zeit nach der Umwandlung der Länder in Bezirke, in der dann die neu gebildeten MfS-Bezirksverwaltungen insgesamt 17 solcher Kreisparteiorganisationen erhielten. Diese unterstanden dann dem Landesverband, der von nun an die Bezeichnung „Bezirksverband" oder „Bezirksparteiorganisation" trug und direkt dem ZK unterstellt war.[123]

Der Aufbau der Parteiorganisation in der Staatssicherheit ähnelte nun dem der Politkulturorgane der DVdI. Dazu passt die Ernennung Otto Walters zum Leiter einer Hauptabteilung Politkultur im MfS durch das Politbüro im Oktober 1951. Nunmehr bekleidete er auch die Funktion des Stellvertreters des Ministers für politische Arbeit. Dem Ersten Sekretär der Bezirksparteiorganisation in der Staatssicherheit stand im Sommer 1953 ein Sekretariat mit fünf hauptamtlichen als Parteifunktionären arbeitenden Mitglieder zur Seite. Es fungierte als exekutives Organ der Landes- beziehungsweise Bezirksleitung der SED im MfS. An der Spitze der Kreis- und Bezirksparteiorganisationen im MfS standen nun Erste Sekretäre, die gleichzeitig als „Stellvertreter Politkultur" in die dienstliche Hierarchie mit eingebaut waren. Die ihnen unterstellten „Abteilungen Politkultur" waren dementsprechend auch Diensteinheiten des MfS. Von den Kompetenzen im MfS-Apparat her, war die Bezirksleitung der Partei wahrscheinlich der Hauptabteilung Politkultur übergeordnet. Erstere besaß Bezirksparteikontrollkommissionen als oberste Instanz bei Parteiverfahren innerhalb des MfS. Die Parteikontrollkommissionen waren Berufungsorgane, die im Zuge der Umgestaltung der SED zur „Partei neuen Typus" bereits 1948 gebildet wurden. Ihre Aufgabe hieß, „die Einheit und Reinheit der Partei zu schützen und gegen feindliche Einflüsse sowie gegen jede fraktionelle Tätigkeit zu kämpfen."[124] Die Ebene der Kreisparteiorganisationen

123 Ebd. S. 48 f.
124 Herbst, Andreas; Ranke, Winfried; Winkler, Jürgen: So funktionierte die DDR. Band 2. Lexikon der Organisationen und Institutionen. Reinbek bei Hamburg 1994. S. 788.

folgte diesem Schema.[125]

Im Herbst 1953 erlebten das Ministerium für Staatssicherheit und die Parteiorganisation grundlegende organisatorische Neuerungen. Sie standen im direkten Zusammenhang mit den Ereignissen des 17. Juni. Als Schuldige der Ereignisse waren schnell Zaisser und sein MfS ausgemacht. Hier herrschten nach Ansicht Ulbrichts Zustände, die sich nur entwickeln konnten, „weil die Parteiorganisation im Ministerium für Staatssicherheit sich in einem ideologisch und organisatorisch vernachlässigten Zustand befindet. Von den leitenden Funktionären des Ministeriums wurde die Parteiarbeit gehemmt und als nebensächliche Angelegenheit behandelt."[126] Zaissers Ende im Amt war damit besiegelt. Mit der Berufung seines Nachfolgers Ernst Wollweber, stufte das Politbüro das MfS zeitweilig zum Staatssekretariat herunter und strukturierte den gesamten Bereich der inneren Sicherheit um. Die Schaffung von Institutionen wie der Abteilung für Sicherheitsfragen und den Sicherheitskommissionen zeigen die Bemühungen der Parteiführung, ihre Geheimpolizei enger an sich zu binden und die beklagte Vernachlässigung der Parteiarbeit im MfS zu beheben. Der Beschluss des Politbüros vom 23. September 1953 legte schließlich erstmals formell die Verantwortung der Leitung der Staatssicherheit für die Durchführung der Beschlüsse von ZK und Politbüro fest. Der ganze Vorgang war mit einem erheblichen Machtzuwachs Ulbrichts verbunden, der nun die Anleitung der Abteilung für Sicherheitsfragen inne hatte und Vorsitzender der Sicherheitskommissionen war. Diese sollten die Umsetzung der Parteitagsbeschlüsse kontrollieren und die politische Arbeit im MfS anleiten. Die Funktion des „Stellvertreter Politkultur" entfiel damit. Wollweber wurde im Gegensatz zu seinem Vorgänger kein Mitglied des Politbüros. Die Verknüpfung von Parteiämtern und dienstlichen Ämtern im SfS/MfS war aufgelöst und die Verantwortung für die Anleitung der SED in der Staatssicherheit lag allein beim Partei-Apparat unter Führung Walter Ulbrichts. Zusätzlich gab es Ansätze zur Dezentralisierung der Partei in der Staatssicherheit. Das Politbüro ließ die Parteigliederungen in den Bezirksverwaltungen und Kreisdienststellen - dabei bleib es bis 1989 - den SED-Bezirks- beziehungsweise Kreisleitungen unterordnen. Das bedeutete die Auflösung der Bezirksparteiorganisation und die Betreuung der Staatssicherheit durch den territorialen Parteiapparat der SED.[127]

Die Kompetenzen der territorialen Parteileitungen erweiterten sich im Hinblick auf die politische Anleitung dadurch beträchtlich. Dennoch sollten diese Parteigremien nicht zu viel

---

125 Schumann, Silke: Die Parteiorganisation im MfS 1950-1957. In: Suckut; Süß (Hrsg.): Staatspartei. S. 105 ff.
126 Engelmann; Fricke: Schläge. S. 12.
127 Schumann: Parteiorganisation. In: Suckut; Süß (Hrsg.): Staatspartei. S. 107 ff.

Einblick in die operative Arbeit erhalten. Eine Maßgabe die nur bedingt gültig war, denn „im Sommer 1957 wurden zwei Dienstanweisungen für das MfS verabschiedet, durch die Operativgruppen des MfS, die in staatlichen und wirtschaftlichen Institutionen tätig waren, einer erheblich Einflussnahme der jeweils dort situierten Parteileitung unterworfen wurde."[128] Das hieß in der Praxis, die Leiter der einiger MfS-Objektstellen und die Leiter der Operativgruppen waren verpflichtet, ihren Arbeitsplan mit dem Ersten Sekretär der jeweiligen SED-Leitung durch zu sprechen. Weiterhin durften die Leiter der Bezirksverwaltungen für Staatssicherheit ihre Arbeitspläne nur noch nach Absprache mit dem Ersten Sekretär der Bezirksleitung aufstellen. Eine analoge Regelung galt auf Kreisebene. So konnten Befehle über den Parteiapparat direkt in den MfS-Apparat „eingespeist" werden.[129]

In der Regel bedeutete der Begriff „Partei-Arbeit" jedoch weniger operative Einflussnahme sondern die „politisch-ideologische und politisch-moralische Erziehung aller Mitarbeiter".[130] Das heißt die Partei überwachte die politische und auch fachliche Ausbildung der MfS-Angehörigen, disziplinierte diese bei Verstößen durch Parteierziehungsmaßnahmen und rekrutierte Kader für die eigenen Funktionen und für das MfS. Im November 1955 hatte sich die Parteiarbeit, trotz immer noch vorhandener Mängel, schließlich soweit verbessert, dass der Ministerrat das Staatssekretariat wieder in die Position eines Ministeriums erhob. Eine Stellung, die es bis 1989 behalten sollte.[131]

---

128 Suß, Walter: „Schild und Schwert" - Das Ministerium für Staatssicherheit und die SED. In: Engelmann, Roger; Henke, Klaus-Dietmar (Hrsg.): Aktenlage. Zur Bedeutung der Unterlagen des Staatssicherheitsdienstes für die Zeitgeschichtsforschung. Berlin 1995. S. 92.
129 Ebd.
130 Schumann: Parteiorganisation. In: Suckut; Süß (Hrsg.): Staatspartei. S. 115.
131 Ebd. S. 115 f.

5. Zusammenfassung

Betrachtet man die hier dargelegte Abfolge der Ereignisse, zeigt sich dass der Aufbau einer deutschen Geheimpolizei kontinuierlich seit Ende des Krieges vorangetrieben wurde. Es zeigt sich auch, dass dieser Prozess noch nicht mit der Gründung des Ministeriums für Staatssicherheit im Februar 1950 beendet war. Er vollzog sich, einerseits durch innenpolitische Umwälzungen in der DDR und andererseits durch die Einflussnahme und Entwicklungen der Sowjetunion, bis in die späten fünfziger Jahre des letzten Jahrhunderts.

Bereits mit Ende des Krieges entwickelten sich lokal einzelne politische Abteilungen bei den sich gerade wieder konstituierenden Polizeidienststellen. Ein gewaltiger Schritt nach vorn erfolgte dann mit Gründung der Deutschen Verwaltung für Inneres, die per SMAD-Befehl nur ein Jahr nach Kriegsende statt fand. Ihre Aufgabe war die Organisation und Zentralisierung der Polizei. Zugleich wurde in der DVdI das Dezernat K 5 der Kriminalpolizei als Zentrale der politischen Polizei und anschließend entsprechende Abteilungen in allen Dienststellen bis hinunter auf Kreisebene installiert. Ihn ihrer Arbeit folgten sie dabei der Straftatenklasse, die der politischen Polizei ihren Namen gab und Delikte umfasste, die grob gesagt die sowjetische Militäradministration, den „demokratischen Aufbau" und das Weiterführen von NS-Organisationen betrafen. Neben der Verfolgung von Nationalsozialisten, gehörte also die Bekämpfung von Opposition in jeglicher Hinsicht zu ihren Aufgaben. Eine entscheidende Rolle bei diesen Vorgängen spielten die sowjetischen Geheimdienstorgane, unter deren Kontrolle sich die Arbeit der politischen Polizei vollzog. Die K 5 agierten in erster Linie an der Seite des MGB und waren ihr Erfüllungsgehilfe bei der Absicherung des Systems, das es in der SBZ aufzubauen galt. Eigene Verhaftungen blieben eine Seltenheit. Zumindest bis zum Inkrafttreten des Befehls Nr. 201 der SMAD im Jahr 1947, der die Entnazifizierung zu Ende bringen sollte und den K 5 weitreichende Kompetenzen einräumte, die zuvor nur den sowjetischen Organen vorbehalten waren. Diese Kompetenzen blieben auch nach Abschluss der Entnazifizierung erhalten und wurden in zunehmendem Maße von der Partei genutzt, um innere und äußere Gegner des sich etablierenden SED-Regimes mundtot zu machen oder aus dem Weg zu räumen. Die Kontrolle lag jedoch noch immer bei den sowjetischen Stellen, deren Verantwortung die Beschuldigten nach ihrer Verhaftung zugeführt wurden.

Dieser Einfluss sollte den sowjetischen Organen noch einige Jahre erhalten bleiben. So auch bei der Bildung des unmittelbaren Vorgängers des MfS, der Hauptverwaltung zum Schutz der Volkswirtschaft. Mit ihr wollte die SED-Führung die Pläne für eine eigene deutsche

Geheimpolizei umsetzen. Ein Vorhaben, dass vom MGB abgelehnt, aber dann mit Zustimmung Stalins 1949 verwirklicht wurde. Entsprechende Pläne entwickelte der Chef des MGB, Abakumov. Die Umsetzung erfolgte unter strenger Federführung des sowjetischen Geheimdienstes. Die K 5 wurden aus der Kriminalpolizei ausgekoppelt und schließlich aufgelöst. Ein zuvor von sowjetischen Offizieren auf politische Zuverlässigkeit durchleuchteter Mitarbeiterstamm bildete den personellen Grundstock für die Hauptverwaltung, aus der im Februar 1950 das Ministerium für Staatssicherheit hervor ging. Auch das MfS unterstand einige Jahre sowjetischer Kontrolle und konnte noch keinesfalls als unabhängiger Geheimdienst gelten. So leiteten die eingesetzten sowjetischen Instrukteure prinzipiell die gesamte Arbeit des Ministeriums. Sie überwachten alle Dienstbereiche, führten operative Vorgänge, bildeten die Mitarbeiter in ihrer „tschekistischen" Arbeit aus und beeinflussten Personalentscheidungen. Moskau bestimmte die „Richtung" der geheimdienstlichen Tätigkeit und diente mit seinen Strukturen in allen Belangen als Vorbild beim Aufbau der Staatssicherheit. Mitte 1952 wurde das System der Instrukteure zu einem Beraterapparat umgebaut. Gleichzeitig erweiterten sich die Kompetenzen der Deutschen, so dass sich die sowjetischen Organe in immer größerem Maße lediglich Dingen an nahmen, die ihre eigenen Interessen berührten. Die Einflussnahme und die Kompetenzen der Berater blieben dabei weitgehend erhalten. Nach Erlangen der vollständigen Souveränität der DDR durch die SU im Jahr 1955, ging die Zahl der Berater dann schrittweise zurück. Diese Entwicklung kulminierte schließlich in der Schaffung eines Apparates von Verbindungsoffizieren und der formalen Unabhängigkeit des Ministeriums für Staatssicherheit von sowjetischen Geheimdienstorganen.

Mit schwindendem Einfluss sowjetischer Stellen, baute die SED den ihren weiter aus. Die Anfänge dieser Verknüpfung gehen bis zum Aufbau der politischen Polizei als Teil der Kriminalpolizei zurück. Ein direkte Einflussnahme auf die operative Arbeit der K 5 war zum Zeitpunkt ihrer Gründung kaum möglich, wohl aber eine indirekte. So waren es selbstverständlich altgediente Kommunisten und SED-Mitglieder die die politische Polizei aufbauten und verwalteten. Die leitenden Positionen waren größtenteils, später komplett, mit SED-Kadern besetzt. Mit zunehmenden Kompetenzen für die K 5, nutzte die Partei - oder besser deren Führung - diese zunehmend als repressives Instrument zur Sicherung der eigenen Position. Die Impulse gingen dabei von den personal-politischen Abteilungen und dem Informations- und Nachrichtendienst der Partei aus, die potentielle Gegner innerhalb und außerhalb der SED ausmachten. Die Einführung der HA Politkultur, ab 1948 unter Führung

Erich Mielkes, und die damit verbundene Verknüpfung parteilicher und dienstlicher Ämter, bedeutete eine zunehmende partei-politische Überwachung aller Polizeiorgane und sollte sowohl die fachliche als auch politische Ausbildung aller Mitarbeiter sicher stellen. Eine Abteilung mit der gleichen Bezeichnung existierte dann auch im Ministerium für Staatssicherheit. Die Parteiorganisation und die Funktion „Stellvertreter Politkultur" entsprachen in Struktur und Aufgabe dem Vorgänger in der DVdI.

Mit den Ereignissen des 17. Juni sollte sich das jedoch ändern. Die Parteispitze unter Walter Ulbricht suchte die Schuld beim bisherigen Minister für Staatssicherheit, der sein Ministerium im Politbüro bis dato selbst kontrollierte. Sie sah eklatante Mängel in der bisher geleisteten Parteiarbeit und begann mit der Umstrukturierung der Verknüpfung von Partei und MfS. Das Ministerium wurde zum Staatssekretariat „degradiert" und enger an die Parteiführung gebunden. Die Anleitung der MfS-Führung erfolgte nun über die Abteilung für Sicherheitsfragen, deren Vorsitzender Walter Ulbricht hieß. Wie weit seine Macht reichte, zeigen die Beispiele der geschassten Minister der Staatssicherheit Zaisser und Wollweber und die von ihm veranlasste Verschärfung der Repression durch das MfS. Schließlich führte die Verflechtung von Partei und Ministerium für Staatssicherheit so weit, dass Parteileitungen in einigen wirtschaftlichen Bereichen Zugriff auf die operative Arbeit erhalten sollten. Hier zeigt das MfS deutlich sein Gesicht als Parteiengeheimdienst.

Insgesamt zeigt sich deutlich ein Zusammenhang zwischen dem Machterhalt der Partei und den sowohl deutschen als auch den sowjetischen Geheimdiensten. Es zeigt sich, dass das Verhältnis der SED zur Geheimpolizei und die Bedeutung der Geheimpolizei für die SED um so stärker wird, je mehr die sowjetischen Stellen deren Kompetenzen erweiterten und ihre Verantwortung und Kontrolle abgaben. Anfangs waren es die sowjetischen Geheimdienste, die die Vorherrschaft der SED durch Verhaftungen und Internierungen möglicher politischer Gegner absicherten. Mit den K 5 bekam die Partei dann ein Instrument in die Hand, das in immer größerem Maße zur eigenen Etablierung genutzt, aber noch durch sowjetische Stellen kontrolliert und angeleitet wurde. Das Ministerium für Staatssicherheit, anfangs noch „Diener zweier Herren", wurde nach einigen strukturellen und administrativen Änderungen schließlich zur schlagkräftigsten Waffe der Sozialistischen Einheitspartei Deutschlands bei der Verteidigung der eigenen Machtposition.

6. Literatur- und Quellenverzeichnis

6.1. Quellen

1947(er) Jahresbericht Dezernat K5 Land Sachsen. In: Glaser, Günther (Hrsg.): „Reorganisation der Polizei" oder getarnte Bewaffnung in der SBZ im Kalten Krieg? Dokumente und Materialien zur sicherheits- und militärpolitischen Weichenstellung in Ostdeutschland 1948/1949. Frankfurt am Main 1995.

Ausführungsbestimmung Nr. 3 zum Befehl Nr. 201 vom 16.8.1947 (Richtlinien zur Anwendung der Direktive Nr. 38 des Kontrollrats). In: Rößler, Ruth-Kristin (Hrsg.): Entnazifizierungspolitik der KPD/SED 1945-1948. Dokumente und Materialien. Goldbach 1994.

Auszug aus der Personalstruktur der Polizei des Landes Mecklenburg, Stand: Ende Dezember 1948. In: Glaser, Günther (Hrsg.): „Reorganisation der Polizei" oder getarnte Bewaffnung in der SBZ im Kalten Krieg? Dokumente und Materialien zur sicherheits- und militärpolitischen Weichenstellung in Ostdeutschland 1948/1949. Frankfurt am Main 1995.

Befehl Nr. 201 der SMAD vom 16. August 1947. Richtlinien zur Anwendung der Direktiven Nr. 24 und Nr. 38 des Kontrollrats. In: Rößler, Ruth-Kristin (Hrsg.): Entnazifizierungspolitik der KPD/SED 1945-1948. Dokumente und Materialien. Goldbach 1994.

Befehl Nr. 35 der SMAD über die Auflösung der Entnazifizierungskommissionen vom 26. Februar 1948. In: Rößler, Ruth-Kristin (Hrsg.): Entnazifizierungspolitik der KPD/SED 1945-1948. Dokumente und Materialien. Goldbach 1994.

Jahresbericht Dezernat K5 Land Sachsen (für 1948) In: Glaser, Günther (Hrsg.): „Reorganisation der Polizei" oder getarnte Bewaffnung in der SBZ im Kalten Krieg? Dokumente und Materialien zur sicherheits- und militärpolitischen Weichenstellung in Ostdeutschland 1948/1949. Frankfurt am Main 1995.

6.2. Internet

Herz, Andrea: Politische Polizei und Entstehung der K 5. Online unter: Landesbeauftragte des Freistaates Thüringen für die Unterlagen des Staatssicherheitsdienstes der DDR 2007. http://www.thueringen.de/tlstu/publikationen-pdf/1945bis50/k5.pdf Stand: 30. November 2008.

6.3. Literatur

Borchert, Jürgen: Die Zusammenarbeit des Ministeriums für Staatssicherheit (MfS) mit dem sowjetischen KGB in den 70er und 80er Jahren. Ein Kapitel aus der Geschichte der SED-Herrschaft. Berlin 2006.

Donth, Stefan; Schmeitzner, Mike: Die Partei der Diktaturdurchsetzung. KPD/SED in Sachsen 1945-1952. Köln 2002.

Engelmann, Roger: Diener zweier Herren. Das Verhältnis der Staatssicherheit zur SED und den sowjetischen Beratern 1950-1959. In: Suckut, Siegfried; Süß, Walter (Hrsg.): Staatspartei und Staatssicherheit. Zum Verhältnis von SED und MfS. Berlin 1997.

Engelmann, Roger; Fricke Karl Wilhelm: „Konzentrierte Schläge". Staatssicherheitsaktionen und politische Prozesse in der DDR 1953-1956. Berlin 1998.

Erler, Peter: Zur Sicherheitspolitik der KPD/SED 1945-1949. In: Suckut, Siegfried; Süß, Walter (Hrsg.): Staatspartei und Staatssicherheit. Zum Verhältnis von SED und MfS. Berlin 1997.

Filippovych, Dmitrij Nikolaevic; Kubina, Michael; Sacharov, Vladimir Vladimirovic: Tschekisten in Deutschland. Organisation, Aufgaben und Aspekte der sowjetischen Sicherheitsapparate in der Sowjetischen Besatzungszone Deutschlands (1945-1949). In: Wilke, Manfred (Hrsg.): Die Anatomie der Parteizentrale. Die KPD/SED auf dem Weg zur Macht. Berlin 1998.

Foitzik, Jan: Der Sicherheitsapparat der sowjetischen Besatzungsverwaltung in der SBZ 1945-1949. In: Reif-Spirek, Peter; Ritscher, Bodo (Hrsg.): Speziallager in der SBZ. Gedenkstätten mit „doppelter Vergangenheit". Berlin 1999.

Foitzik, Jan: Sowjetische Militäradministration in Deutschland (SMAD). In: Broszat, Martin; Weber, Hermann (Hrsg.): SBZ-Handbuch. München 1993.

Foitzik, Jan: Organisationseinheiten und Kompetenzstruktur des Sicherheitsapparates der Sowjetischen Militäradministration in Deutschland (SMAD). In: Plato, Alexander von (Hrsg.): Sowjetische Straflager in Deutschland 1945 bis 1950. Band 1. Studien und Berichte. Berlin 1998.

Fricke, Karl Wilhelm: Die DDR-Staatssicherheit. Köln 1989.

Fricke, Karl Wilhelm: „Kampf dem Klassenfeind": Politische Verfolgung in der SBZ. In: Fischer, Alexander (Hrsg.): Studien zur Geschichte der SBZ/DDR. Berlin 1993.

Gieseke, Jens: Das Ministerium für Staatssicherheit (1950-1990). In: Diedrich, Torsten; Ehlert, Hans; Wenzke, Rüdiger (Hrsg.): Im Dienste der Partei. Handbuch der bewaffneten Organe der DDR. Berlin 1998.

Gieseke, Jens: Die hauptamtlichen Mitarbeiter der Staatssicherheit. Personalstruktur und Lebenswelt 1950-1989/90. Berlin 2000.

Gieseke, Jens: Mielke-Konzern. Die Geschichte der Stasi 1945-1990. Stuttgart, München 2001.

Herbst, Andreas; Ranke, Winfried; Winkler, Jürgen: So funktionierte die DDR. Band 2. Lexikon der Organisationen und Institutionen. Reinbek bei Hamburg 1994.

Müller, Hans-Peter: „Parteiministerien" als Modell politisch zuverlässiger Verwaltungsapparate. Eine Analyse der Protokolle der SED-Innenministerkonferenzen 1946-1948. In: Wilke, Manfred (Hrsg.): Die Anatomie der Parteizentrale. Die KPD/SED auf dem Weg zur Macht. Berlin 1998.

Müller-Enbergs, Helmut (Hrsg.): Inoffizielle Mitarbeiter des Ministeriums für Staatssicherheit. Richtlinien und Durchführungsbestimmungen. Berlin 1996.

Leide, Henry: NS-Verbrecher und Staatssicherheit. Die geheime Vergangenheitspolitik der DDR. Göttingen 2006.

Lindenberger, Thomas: Die deutsche Volkspolizei (1945-1990). In: Diedrich, Torsten; Ehlert, Hans; Wenzke, Rüdiger (Hrsg.): Im Dienste der Partei. Handbuch der bewaffneten Organe der DDR. Berlin 1998.

Marquardt, Bernhard: Die Zusammenarbeit zwischen MfS und KGB. In Fricke, Karl-Wilhelm; Marquardt, Bernhard: DDR Staatssicherheit. Bochum 1995.

Naimark, Norman M.: Die Russen in Deutschland. Berlin 1997.

Petrov, Nikita: Die Apparate des NKVD/MVD und des MGB in Deutschland (1945-1953). Eine historische Skizze. In: Plato, Alexander von (Hrsg.): Sowjetische Straflager in Deutschland 1945 bis 1950. Band 1. Studien und Berichte. Berlin 1998.

Petrov, Nikita: Die gemeinsame Arbeit der Staatssicherheitsorgane der UdSSR und der DDR in Osten Deutschlands (1949-1953). In: Reif-Spirek, Peter; Ritscher, Bodo (Hrsg.): Speziallager in der SBZ. Gedenkstätten mit „doppelter Vergangenheit". Berlin 1999.

Plato, Alexander von: Sowjetische Speziallager in Deutschland 1945 bis 1950: Ergebnisse eines deutsch-russischen Kooperationsprojektes. In: Reif-Spirek, Peter; Ritscher, Bodo (Hrsg.): Speziallager in der SBZ. Gedenkstätten mit „doppelter Vergangenheit". Berlin 1999.

Schneider, Dieter Marc: Innere Verwaltung/Deutsche Verwaltung des Inneren (DVdI). In: Broszat, Martin; Weber, Hermann (Hrsg.): SBZ-Handbuch. München 1993.

Schumann, Silke: Parteierziehung in der Geheimpolizei. Die Rolle der SED im MfS der fünfziger Jahre. Berlin 1997.

Schumann, Silke: Die Parteiorganisation im MfS 1950-1957. In: Suckut, Siegfried; Süß, Walter (Hrsg.): Staatspartei und Staatssicherheit. Zum Verhältnis von SED und MfS. Berlin 1997.

Süß, Walter: „Schild und Schwert" - Das Ministerium für Staatssicherheit und die SED. In: Engelmann, Roger; Henke, Klaus-Dietmar (Hrsg.): Aktenlage. Zur Bedeutung der Unterlagen des Staatssicherheitsdienstes für die Zeitgeschichtsforschung. Berlin 1995.